青少年
综合素质培养课

青少年
品质
培养课

心态

杜兴东 编著

全球经典的品质培养成长书系之一

你的人生第一课

北京出版集团
北京出版社

图书在版编目(CIP)数据

青少年品质培养课．心态／杜兴东编著．— 北京：北京出版社，2014.1
（青少年综合素质培养课）
ISBN 978－7－200－10279－6

Ⅰ．①青… Ⅱ．①杜… Ⅲ．①青少年教育—品德教育 Ⅳ．①D432.62

中国版本图书馆 CIP 数据核字(2013)第 282804 号

青少年综合素质培养课
青少年品质培养课 心态
QING-SHAONIAN PINZHI PEIYANGKE XINTAI
杜兴东 编著

*

北 京 出 版 集 团
北 京 出 版 社 出版
（北京北三环中路 6 号）
邮政编码：100120

网 址：www．bph．com．cn
北 京 出 版 集 团 总 发 行
新 华 书 店 经 销
三河市同力彩印有限公司印刷

*

787 毫米×1092 毫米 16 开本 12 印张 170 千字
2014 年 1 月第 1 版 2023 年 2 月第 4 次印刷
ISBN 978－7－200－10279－6
定价：32.00 元
如有印装质量问题，由本社负责调换
质量监督电话：010－58572393
责任编辑电话：010－58572775

前 言

二战时，汤姆森太太的丈夫到一个位于沙漠中心的陆军基地去驻防。为了能经常与丈夫相聚，汤姆森太太搬到那附近去住。那实在是个可憎的地方，她简直没见过比那更糟糕的地方。丈夫外出参加演习时，她就只好一个人待在那间小房子里。这个地方热得要命——仙人掌阴影下的温度都高达51摄氏度，没有一个可以谈话的人。风沙很大，到处是沙子。

汤姆森太太觉得自己倒霉透了，觉得自己好可怜，于是写信给她父母，告诉他们她放弃了，准备回家，她一分钟也不能再忍受了，她宁愿去坐牢也不想待在这个鬼地方。她父亲的回信只有三行：有两个人从铁窗朝外望去，一个人看到的是满地的泥泞，另一个人却看到满天的繁星。这句话常常萦绕在她的心中，并改变了汤姆森太太的一生。

她把父亲的这句话反复念了多遍，忽然间觉得自己很笨，于是她决定找出自己目前处境的有利之处。她开始和当地的居民交朋友，他们都非常热心，当汤姆森太太对他们的编织和陶艺表现出极大的兴趣时，他们会把拒绝卖给游客的心爱之物送给她。她开始研究各式各样的仙人掌及当地植物，试着认识土拨鼠，观赏沙漠的黄昏，寻找300万年以前的贝壳化石。

是什么给汤姆森太太带来了如此惊人的变化呢？沙漠没有改变，改变的只是她自己，因为她的态度改变了。正是这种改变，使她有了一段精彩的人生经历，她发现的新天地令她既兴奋又刺激。于是她开始着手写一本小说，讲述她是怎样逃出了自筑的牢狱，找到了美丽的星辰。

一个人具有什么样的心态，他就可以成为什么样的人，就能够拥有什么样的人生。汤姆森太太的故事也恰好说明了这样一个朴素的道理：人可以通过改变自己的心境来改变自己的人生。对于身处逆境中的人来说更是如此。伟大的心理学家阿德勒究其一生都在研究人类的潜能，他曾经宣称发现人类最不可思议的一种特性——"人具有一种反败为胜的力量"。

如果你不满意自己的现状，想改变它，那么首先应该改变的是你自己，如果你有了积极的心态，能够积极乐观地改善自己的环境和命运，那么你周围所有的问题都会迎刃而解。

心态的好坏可以改变一个人的命运。心态左右着不同的人生选择。积极的心态让人积极进取，创造成功；消极的心态却让人消极悲观，永远没有成功的机会。每个人都有难以诉说的烦恼：或学习，或生活，或感情……其实，你的痛苦并没有人给予，一切都是你自己的心态在作祟。一样的人生，异样的心态，看待事情的角度会截然不同。不同的心态会通往不同的终点站，我们常说要掌握自己的命运，但如果不能脱离浮躁和不安，远离骄狂和脆弱，还谈什么主宰命运呢？

由此可见，一个人要想幸福，必须首先培养健全的心态——心态是我们唯一能完全掌握的东西。其次我们要学会控制自己的心态。心态是决定命运的真正主人，它能够从里到外影响一个人一生的命运。

谨记：黑白或彩色的人生，完全在于你自己的选择。

目 录

第一章 解密心态能量 / 1

　　心态的惊人能量 / 2
　　好心态解密幸福生活 / 5
　　内心充满热量，才能释放热量 / 8
　　贵族心态，圆满人生的保证 / 11

第二章 正能量与负能量 / 15

　　能量区分是调整心态的核心 / 16
　　积极心态的正能量 / 18
　　消极心态的负能量 / 21
　　启发性发问让你迅速区分心态能量 / 24

第三章 用心理暗示激发能量 / 27

　　潜能，存在于内心的巨大能量 / 28
　　好心态激发潜意识的力量 / 31
　　自我暗示的巨大力量 / 33
　　积极心理暗示的魔力 / 35
　　自我意象：让你由内而外地改变自己 / 37
　　用心呵护那双抓住梦想的手 / 39
　　心有多大，舞台就有多大 / 42

第四章　修正心态模式 / 45

勇于冒险，冲破内心的厚茧 / 46
打败懈怠，让进取心畅通无阻 / 49
善待压力，压力可以变动力 / 51
能量，在体验中爆发 / 53

第五章　引爆心态正能量 / 55

能自省方自知 / 56
乐观让人生有无限可能 / 58
不要辜负了活着的机会 / 61
时刻享受你的人生 / 64
共享启动成功 / 67
扫清心态障碍无死角 / 69

第六章　解析情绪，打开心态密码 / 73

情绪影响了你的行为 / 74
情绪可以改变命运 / 76
情绪的真实与幻觉 / 79
难以抗拒的感染力 / 82
坏情绪会阻碍你的成功 / 85

第七章　别让情绪左右你 / 87

我们为什么有厌烦情绪 / 88
把你心中的郁闷说出来 / 91
找对你的出气筒 / 93
哭，也是缓解不良情绪的方式 / 95
你不会贫乏到拿不出一个笑容 / 98
疏导压抑情绪，走出封闭心理 / 100

第八章　保持乐观心态 / 103

乐观，让你成为你想成为的人 / 104
乐观能改变世界 / 106
乐观是操之在我的"心造幸福" / 108
"心境转移"，找寻你的快乐 / 110
为自己的人生掌舵 / 112
跌倒了站起来，一直向前看 / 114
改变悲观性格的方法 / 116

第九章　秉承务实心态 / 119

务实是对自己的一种"诚信" / 120
空想就是漠视梦想 / 122
不做好高骛远的人 / 124
本色生活，本色做人 / 126
成大事者先从小事做起 / 128
脚踏实地，实现自我价值 / 131

第十章　把握掌控心态 / 133

掌控，是一门生存艺术 / 134
不能操之在我，你将受制于人 / 137
掌控全局，逆境中也能收获转机 / 139
尊重他人，也是一种掌控技巧 / 141
学会掌控自我 / 143

第十一章　培养空杯心态 / 145

懂得"空杯"的艺术 / 146
"空杯"是自我反省的过程 / 149
顺境之中主动"空杯" / 152
荣耀也需要"空杯" / 155

做一个敢于"空杯"的人／157
放空人生，简单生活／159

第十二章　塑造从容心态／161

从容是一种内在的修行／162
从容处世，胸怀高远／164
平凡不平庸，我有我精彩／167
别让烦恼跟随你／170
跳出"名利场"／173
淡定从容，笑看人生／177
从容让你的步伐更坚定／180
心静如水，不为外扰／182

第一章
解密心态能量

心态的惊人能量

生活给予你怎样的回馈，取决于你以怎样的态度对待生活。

现在做出口贸易的张女士讲述了她亲身经历的事情：

上学时，我很喜欢做数学题，觉得一条一条地列出因为所以，然后得出最终答案是一件很有意思的事情，就像小时候和小伙伴们捉迷藏一样，最终把他们找出来的那种欣喜，可以让自己感到无比自豪。因为可以从数学中找到自己的乐趣，所以，我的数学学得很好。

似乎很多东西都有对立面，就像有喜欢就一定有不喜欢一样。是的，我不喜欢英语，超级不喜欢，那些长长短短的字母密密麻麻地摆在一起，感觉脑袋都大了，无论老师怎样苦口婆心地说教，我还是无法打心眼里喜欢上英语，自然而然地，我的英语成绩很差。忘了是什么时候，我收到了一张明信片，是哪里的景色我已经不记得了，但是写在上面的那一行行漂亮得不得了的英文字母，深深地刻在了我的脑海里。原来，那些曾经讨人厌的字母竟然可以美得如同一幅画。从那之后，我渴望接近英语的心变得欢喜而迫切，等到期末考试的时候，我的英语成绩竟然破天荒地得了90分。

听了张女士的故事之后，我们是否也在惊讶心态所起到的巨大作用。

我们常说：念由心生。往往你认为自己是什么样的人，就将成为什么样的人。烦恼与欢喜，成功和失败，善良与邪恶，仅系于一念之间，而这一念即是心态。我们生活在这个大千世界中，受影响的因素有很多，因此，心态也决定于很多方面。比如：同样的生活环境，同样的教育背景，为什么有人可以事业很成功，工作出色，生活美满，而有的人忙忙碌碌却无所作为，经济拮据，只能维持生计？人与人为什么有这么大差距？到底是什么因素在影响着我们，并决定了我们每

第一章 解密心态能量

个人不同的命运？

面对这些问题，许多人往往把主要原因都归结为外界条件，认为自己之所以没有这么优秀，是因为没有好的家世背景、没念名牌大学、没有好的工作机遇，等等。他们只会用消极悲观的心态来抱怨生活和命运的不公平，却从来没有审视过自己是用怎样的态度来对待生活，更不用说激发心态的巨大潜能去创造奇迹了。

其实，我们选择什么样的心态，就会有什么样的人生。千万不要忽视心态的力量，要知道，决定你一生成败的关键因素就是心态。试想一下，如果你连自己事业不顺心、生活不如意的根本症结都搞不清楚，你还能奢望得到成功的事业和美满的生活吗？这个问题的答案，清清楚楚地写在我们每个人的心中。

世界上最重要的人就是你自己，所以，请不要轻易地怜悯自己，一定要相信自己。

每一个人成功的能量源自于对梦想、价值观和痛苦的凝聚，而更重要的一点是对自己的信任，坚信自己可以通过痛苦的磨砺实现梦想，体现自身的价值，而这一过程中的种种经历，会让我们产生一种心态的张力，而这种张力往往能够爆发巨大的能量。只有将能量的源泉凝聚，才能让你的能量蓄势待发。而我们所讲到的梦想、价值观、痛苦和相信，这些都是心态的表现形式。

怎样使自己有一个好心态，并能获取好心态潜在的惊人力量呢？

这就需要我们不断地去追求内心的充实，并且获得较高的文化素养，正如辩证法所说，内因和外因相互转化。内因和外因又是什么呢？内因是人的内功，概括为：知识广，品德正，能力强，发挥佳。外因就是通过内因来表达情感，激情外在的一种流露。往大的方面说这是一个人的德行修为，与佛家修行中表现出的"以静为动，以退为进，以无为有，以空为乐"的心态同出一脉。人的一生，在和世间万事万物打交道的过程中，充满了太多的变化和不可预知，如何改变，让自己变得更好更强大，这就要从自身所具备的条件出发，而自身条件的形成，是进步发展的基础，只有奠定好这个基础，我们才能真正成为具有个性的、快乐的和强大的人。

寻找良好的心态，把这种心态投入到我们对人生、对梦想的追求中，会让我们感受到内心的坦然。孔子有言：知其不可为而为之，知其难为而勉力为之。我们需要的正是这种坚韧与执着的心态，有了这种坦然和慷慨进取的人生态度，我们就有了向成功人生冲刺的惊人力量。

好心态解密幸福生活

人的心态对于一个人的生活是幸福还是痛苦,是快乐还是忧伤,是成功还是失败具有很重要的作用。从某种意义上说,良好的心态对于一个人具有决定性的作用。不管我们做什么,首先我们应该学会保持这种良好的心态,这样我们才可能获得幸福。

一个人的幸福感和成就感取决于他的生存状态,而其生存状态的好坏又与其心态息息相关。大而言之,心态是对人生的体验、对命运的感悟、对自我的定位;具体来说,心态是面对困难时的意志,是对情绪的调控,是对现实与梦想的平衡。

因此,我们说幸福是自己给的,只要你能保持一种好心态,幸福就不会被催眠。

哈佛大学心理学专业的学生吉姆给自己找了一份兼职——照顾独居的威尔森太太,并帮她做一些家务。吉姆为人热忱,做事认真负责,深得老太太的信赖。

一天晚上,老太太敲响了吉姆的房门,有些抱歉地说道:"吉姆,很抱歉这么晚来打扰你。我的安眠药吃完了,怎么也睡不着觉,不知道你身边有没有?"

吉姆睡眠一直很好,从来就不吃安眠药,可是他一看到老太太十分疲惫的脸庞,心里十分不忍,他突然灵机一动,就对老太太说:"上星期我朋友从法国回来,刚好送我一盒新出的特效安眠药,不过我忘记放在哪里了。这样好了,您先回去,我找到就马上给您送过去。"

老太太走后,吉姆找出一粒维生素片,然后送到了威尔森太太的房间,告诉她:"这就是那种新出的特效药,您吃了之后一定能睡个好觉。"

老太太接过药片,再三谢过吉姆后,高兴地服下了那粒"特效安眠药"。

到了第二天吃早餐的时候，老太太兴奋地对吉姆说："你的安眠药效果好极了，我昨晚吃完很快就睡着了，而且睡得很好，好久都没有这么舒服地睡觉了。那个安眠药你能不能再给我一些？"

吉姆只好继续让老太太服用维生素片，直到服完一整盒。事情过去一年多之后，老太太还时常念叨吉姆给她的"特效安眠药"。

吉姆用一粒维生素片就让老太太进入了梦乡，这其实就是心理暗示的作用。由于老太太平时对吉姆十分信赖，因此丝毫没有怀疑吉姆给她的"特效安眠药"，在强烈的心理暗示的作用下，产生了服用安眠药之后才有的效果。

心理学家马尔兹说："我们的神经系统是很'蠢'的，你用肉眼看到一件喜悦的事，它会做出喜悦的反应；看到忧愁的事，它会做出忧愁的反应。"研究发现，积极的自我暗示能调动人的巨大潜能，使人变得自信、乐观。当你习惯地想象快乐的事，你的神经系统便会习惯地令你处在一个快乐的心态。当你习惯地暗示自己很幸福，你的神经系统便会习惯地让你拥有幸福的感觉。所以，我们要对自己进行积极的自我暗示，给自己输入积极的语言，比如，"我的生活正在一天天地变得更美好""我的心情愉快""真的，我过得幸福极了"等。

因此，早晚睡前醒后的时间进行自我暗示是再恰当不过了。你可以躺在床上，每次花上几分钟，身体放松，进行以下自我心理暗示——描述自己的天赋和能力；想想你成功的景象；用简短的语言给自己积极有力的暗示。如：

我知道我想要的生活是什么，我一定可以实现它！

我是一个坚定的人，没有什么能动摇我的决心。

失败只是暂时的，过去的失败意味着将来我会获得更大的成功！

恐慌是顾虑造成的，我只要抛开杂念，专注于我的目标，就不会再恐慌。

我越相信自己，我的能量就越大。

我完全可以干得比别人更好。

我只要专心致志，就能做好每一件事。

我把每一天都过得很幸福,嗯,我要继续幸福下去,真好!

美国心理学家威廉斯说:"无论什么见解、计划、目的,只要以强烈的信念和期待进行多次反复的思考,那它必然会置于潜意识中,成为积极行动的源泉。"我们不妨听从心理学家的建议,从现在开始,用强烈的信念渴望成功与幸福,它一定会在你不经意间降临在你的头上。

内心充满热量，才能释放热量

爱是人生存的根本，也是人的本能。无论是施爱还是被爱的人，他们都是幸福而快乐的，他们的情操也会是坦诚而又高尚的。

一个人内心的热量，便是经由爱产生的。一个内心充满爱的人，会懂得去播撒爱，因为他知道，只有播下种子，才会得到果实。爱是相互的，这个世界正因为有了爱，才会变得温暖美好。

一位在边远山村支教的女教师接受记者采访，当记者问到让她在贫穷的山村坚持下去的动力是什么时，女教师平静地回到道："是我的父亲。"她觉得，正是因为受到父亲身体力行的影响，她才会义无反顾地走上支教这条路。最后，这位女教师饱含深情地讲述了她父亲的故事。

我出生在一个山村，父亲在家乡是一名颇有威望的乡村医生，虽谈不上妙手回春，可在那穷乡僻壤的地方来说，算是很不错的了。在我很小的时候，母亲就去世了，所以，我经常会跟着父亲穿街走巷地看望患病的乡亲。

那时候，我很崇拜我的父亲，我崇拜的不是父亲精湛的医术，而是他高尚的医德。父亲每每看病，无论对方贫与富、尊与卑，他都会一视同仁。尤其是对那些穷苦人家，父亲每次看完病，绝不提钱的事，而是等对方主动送上门来，有时一等就是好几年，父亲也从没讨要过。如果遇到孤寡老人生病，父亲通常都是免费给他们治疗，而且他还会觉得这是一件很快乐的事情。

我起初并不是很理解父亲的做法，感觉他真的很傻，因为我们家本身就不是富裕的家庭。但慢慢地，我理解了父亲，其实父亲在帮助乡里乡亲的同时，也收获了用金钱无法衡量的东西：尊敬与爱戴。每到逢年过节，我们家会来好多的客人；田里的活会有乡邻帮着做；我童年可以吃"百家饭"……我知道,这一切都是因为父亲的缘故。

现在,我的父亲已经不在了,我却能时常感觉到父亲在看着我,看着我做的一切,我相信,我现在的选择是令他骄傲的。

女教师讲完这个故事,在场的很多人为之动容。

爱,可以让一个人的内心无比富足。

《郑州晚报》曾登过一则关于"河南大学生洪战辉带着捡来的妹妹求学12年"的感人报道,这则报道一经刊出,立即引来社会各界的关注。

洪战辉不是富有的人,相反,他的家境贫寒,他要自己挣学费、孝敬父母,还要刻苦读书。他贫穷到没有多余的能力来帮助别人,但是他12年如一日地照顾年幼的妹妹,而这个妹妹竟是他父亲捡来的。

洪战辉的事迹对大多数人来说是激励,我们不禁要问:是什么让洪战辉变得这样强大,强大到足以为他人撑起一片天空?答案就是他内心有爱,他内心充满了热量。一个人只有内心充满热量,他才能够释放热量。可我们有太多的人却止步在"心有余而力不足"的消极心态中。

当下,在一片追求明星梦、财富梦的声浪中,每个人都希望自己活得快乐。可快乐从哪里来呢?首先我们要保持一种快乐的心态,其次才是快乐的生活。

十六届六中全会提出要构建社会主义和谐社会,十七大更是将"促进社会和谐"纳入报告的主题。

我们讲和谐,不仅要力求人与人和谐,人与社会和谐,人与自然和谐,还要注重人的内心和谐。人的内心和谐是和谐社会的一个最高的境界。热量来源于光,要想让我们的内心充满热量,我们就要有和谐的内心和阳光的心态,也就是营造知足、感恩、达观的心理,树立喜悦、乐观、向上的人生态度,通过个人内心和谐来促进家庭和谐、生活和谐及社会和谐。

我们现在有一些人常常会有这样的困惑:就是自己的财富在增加,但是满意感在减少;拥有的越来越多,但是快乐越来越少;沟通的工具越来越多,但是深入的交流越来越少;认识的人越来越多,但是真诚的朋友越来越少；房子越来越大，里面的人越来越少；精美的房子越来越多，完整的家庭越来越少；路越来越宽，心越来越窄……对此，我们不禁要问：究竟是哪里出了问题呢？答案是：心态出了问题。我们有了好心情才能欣赏好风光；有了好心态才能让大家建立积极的价值观，获得健康的人生，释放强劲的影响力。

你的内心如果是一团火，就能释放出光和热；你的内心如果是一块冰，就是融化了也还是零摄氏度。要想温暖别人，你内心要有热；要想照亮别人，请先照亮自己；要想照亮自己，首先要照亮自己的内心。送人温暖，在让他人的心暖起来的同时，自己内心也会更加温暖。

一个被温暖充盈着的人，内心也会变得充实。这种充实，往往伴随着一种人生价值意义的追求，一种精神境界的自我提升，最终变为一种快乐、幸福的感觉。因而，内心温暖的人，不会排斥物质财富的追求，收入多一点儿，日子过得好一点儿，皆是人之常情。但追求并不会到此止步，而是致力于为心灵搭建一座温暖的"大房子"，获得精神上的富足。有的人"穷得只剩下钱"，就在于只追求了身外的"大房子"，心灵却无处归依。"善人通过行善获得幸福"，正在于许多人通过爱心奉献感觉到，为他人送去温暖，自己会更幸福，内心更富足。

贵族心态，圆满人生的保证

　　心态的好坏，会直接影响到个人能力的发挥和行动的效果，并进一步决定一个人一生的命运。时下很流行的一个词叫作"贵族心态"，还引发了不少人的讨论。其中有褒有贬，看法不一。其实，贵不贵族不重要，我们可以不是贵族出身，重要的是要有一种积极的、阳光的"贵族心态"。

　　一个落魄的印度人流浪到了英国，他想在这里谋取一份工作，但每次应征都因为他其貌不扬、没有文凭而被拒之门外。就这样，三个月过去了，他依然奔波在求职的路上。

　　有一天，他来到一家饭店，恳求经理收留他。但是饭店由于经营惨淡，正面临裁员的问题。这个时候，怎么可能留下他呢？印度人并不气馁，他苦苦地哀求经理，并承诺任何工作都可以做。经理见他很真诚，于是收留了他，派给他一份别人都不情愿干的活——负责二楼洗手间的卫生。能够找到这份特别的工作，印度人感到很开心。他并不觉得这份工作有多么卑微，相反，他还对这份工作产生了一种特别的爱。

　　工作第一天，印度人发现洗手间由于长时间没人打理，里面的灯泡已经坏掉了，黑乎乎的一片，而且气味很难闻。他马上从仓库找来新的灯泡换上，于是洗手间的灯亮了起来，印度人的心一下子明亮起来。他对自己说："伙计，开始你的新生活吧，这份工作是多么惬意啊！"然后，他开始跪在地面上用抹布一遍一遍地去擦洗地板；用刷子去刷马桶，墙壁也被他擦拭得干干净净，连细小的缝隙也不放过。接着，他找来了镜子安装在洗手间的墙壁上，又搬来了一盆夜来香，点燃了熏香，他甚至还搬来了破旧的音响安装在洗手间的角落里。洗手间在印度人的美化下，完全变了样。

　　有一天，饭店来了几位客人，其中一位在中途去洗手间，当他推开洗手间的门时简直不敢相信自己的眼睛，还以为走进了董事长的办公室。后来，他开始坐在马桶上享受，看到的是朦朦胧胧的灯光，闻到的是沁人心脾的花香，听到的是浪漫悠扬的萨克斯，由于中午多喝了点儿酒，不知不觉竟然坐在马桶上睡着了。

　　后来，这位客人迫不及待地把他的奇遇告诉了他最要好的朋友，让他也来享受一下这个特别的洗手间。就这样，一传十，十传百，渐渐地，在这个小镇上，人们都知道这条街上有一家饭店，那里的洗手间最值得一去。于是这家饭店的人气也越来越旺，生意越来越好。

　　过了几个月后，饭店董事长来视察，当他了解到这种情况后，马上把这个印度人叫到办公室。董事长百感交集地说："你对工作如此地付出和用心，你是我公司最优秀的员工。"后来印度人被任命为这家饭店的总经理。

　　其实，任何一件有意义的事情，都值得我们用心去做。生活中，我们可能无法选择贵族所享受的荣耀人生，但我们可以选择以"贵族心态"去面对所有。这世界上，没有卑微的人，只要我们自己不轻看自己，任何人都不会影响到你的"贵族"生活。

　　"王侯将相，宁有种乎"，有谁，生来就注定是达官贵人的命呢？又有谁，从一开始就大富大贵呢？出身光荣，那是你的幸运；出身贫苦，那是公正的命运。哥白尼是一位面包师的儿子，开普勒出身于德国小旅馆老板的家庭，拉普拉斯的父亲是一位贫穷农民，当过裁缝。据说，拉普拉斯在华盛顿的就职仪式上发表演讲时，人群中有个声音突然喊出："这是个裁缝出身的人。"拉普拉斯回答说："某些先生们说我过去曾是个裁缝匠，这根本没有使我感到难堪。因为当我是个裁缝匠的时候，我享有一个优秀裁缝匠的良好声誉。"是的，也许我们无法选择自己的出身，但是我们可以选择自己的尊严。

　　每一个人都有他与众不同的优点，如果，我们不想让自身的这些优点被埋没，如果我们想变得更加非凡卓越，我们就要相信自己，只要我们肯付出努力，我们就一定可以获得成功。其实，我们每个人都怀揣着自己尚未知晓尚未辨认的天赋，关键在于你持有怎样的心态。世界上没有卑微的出身，只有卑微的心态，如果你相信自己能成为上层社会的贵族，那就从现在开始，拿出一个贵族应有的心态，积极地为自己的梦想努力，为自己的成功进取。

相信你自己，即使两手空空，你也能打造出属于自己的成功人生。

第二章

正能量与负能量

能量区分是调整心态的核心

美国医生做过这样一个实验：他们让患者服用安慰剂。安慰剂呈粉状，是用水和糖加上某种色素配制的。当患者相信药力，对安慰剂的效力持乐观态度时，治疗效果就显著。如果医生自己也确信这个处方，疗效就更为显著了。这一点已用实验得到了证实。悲观态度是由精神引起而又会影响到组织器官，有一个意外的事故证明了这一点。

一位铁路工人意外地被锁在一个冷冻车厢里，他清楚地意识到他是在冷冻车厢里，如果出不去，就会冻死。不到 20 个小时，冷冻车厢被打开时人已死了，医生证实是冻死的。可是，仔细检查了车厢，冷气开关并没有打开。那位工人确实死了，因为他确信，在冷冻的情况下是不能活命的。所以，在极端的情况下，极度悲观会导致死亡。乐观主义者总是假设自己是成功的，就是说，他在行动之前，已经有了 85% 的成功把握。而悲观主义者在行动之前，却已经确认自己是无可挽救了。

每一种心态都是每个人对人生的不同看法。在如铁般的现实里，每个人都不可避免遭受这样或那样的打击和挫折：因为高考落榜而精神萎靡或是因为失恋而痛苦忧伤，因为无法适应快节奏的工作而丧失斗志……这些心理多半是人们意志薄弱、心态不成熟的一种表现。而这些异常的心理、悲观的心态往往导致痛苦的人生，往往影响对环境的正确看法。

有一个寓言故事这样来诠释悲观与乐观：

从前，有两个人住在一座光秃秃的荒山上。第一个人很悲观，一边叹气，一边在山脚下为自己修着坟茔。第二个人很乐观，成天乐呵呵的，在山坡上种了很多绿色的树苗。

岁月悠悠，转眼过了 40 年。第一个人老了，泪汪汪地打开坟茔的门，走了进去，再也没有出来。第二个人却精神抖擞，在果树下采摘着金色的果实。

又过了许多年，第一个人的坟茔前长满了草，还有野狼出没。第二个人的那座花果山前却花常开、树常青，满山闪耀着生命的辉煌。原来，悲观与乐观都是种子，只不过前者的果实叫无奈，后者的果实叫甘甜。

积极心态是迈向成功不可或缺的要素，积极心态是成功最重要的前提条件。人一旦将积极的心态运用到人生中的任何事情上，都会有意想不到的收获。塑造阳光心态，坦然地面对一切，"不以物喜，不以己悲"，生命才会更精彩，生活才会更轻松、更洒脱，才能真正享受人生的快乐。

悲观者实际上是以自己悲观消极的想法看待客观世界，在悲观者心中，现实是或多或少被丑化了的。现在社会上的许多人，对未来的生活，常常持有一种悲观的迷茫心理；对自己的过去，不管有无成败，不管有无辉煌，都一概加以否定，心理上充满了自责与痛苦，嘴上有说不完的遗憾。对未来缺乏信心，一片迷茫，以为自己一无是处，什么事都干不好，认知上否定自己的优势与能力，无限放大自己的缺陷。

心态能够产生巨大的力量。如果用积极心态去面对生活，你所看到的就会是充满希望的人生，你就会拥有排除一切艰难的巨大力量，进而向成功迈进；相反，如果面对生活的不如意，你从开始就悲观消极，凡事若不从好的方面去想，往往可能还没有去做某件事，就失去了信心，其结果就会朝着不利的方向发展。

任何事情都一样，有不好的一面，自然就会有好的一面，我们选择采取什么样的态度，事态就会往哪个方面发展。所以，我们在做事之前，一定要对事态作全面分析，选择对自己有利的态度，将会给我们的成功带来事半功倍的效果。

积极心态的正能量

积极心态的正能量指向是什么？

是幸福。

追逐虚名的人把幸福寄托在别人的言辞上；贪图享乐的人把幸福寄托在自己的感官上；而有理智的人，则把幸福安置在自己的行动之中。

大学毕业之后，雄心勃勃的李勇独自来到深圳闯天下。由于深圳是大多数毕业生就业的首选地之一，因此其竞争也异常激烈。李勇在深圳找了整整一个月依然没有找到合适的工作，这让他开始产生恐慌的感觉，但是恐慌是没有用的。他只有继续跑人才市场，继续不停地在网上投简历。有一天，他看到一家著名企业内刊招聘记者，就立即带着自己的作品集赶了过去。

到了现场他才发现，仅有一个岗位，居然有200多竞争者，并且很多竞争者无论在学历、资历、年龄，还是口才方面都胜过了自己。李勇排在面试队伍最后面，看着那些优秀的应聘者一个个沉重地走出考场，李勇越来越觉得自己没有希望了。

刚好在这个时候，坐在大厅里等候的其他应聘者开始闲聊。其中有这么几句牢骚话引起了李勇的注意："来的都是有经验的人，小小内刊还拿不下来？一个面试还搞这么复杂！"

"反正也不怕它，都带了作品集来，这还说明不了问题？"

"唉，也不见得，也可能是临场出题让应聘者动笔。"

……

李勇听了心里一动，当即在简历的背面写了一篇叫做"求贤若渴"的现场短新闻。轮到面试时，李勇把这篇作品呈了上去。结果可想而知，李勇被录用了。老总说："其实正确的方法大家都注意到了，但心动不如行动，只有你当时把大家都注意到的东西先做在了前面。"

心动不如行动，只有抓在手里的才是属于自己的，很多人都习惯于把幸福寄托于被动的等待，寄托于美好的幻想。理智的人则会把自己的幸福安置在自己的行动中，他们才是最聪明的人。

安妮是大学里艺术团的歌剧演员。在一次校际演讲比赛中，她向人们讲述了一个最为璀璨的梦想：大学毕业后，先去欧洲旅游一年，然后要在纽约百老汇中成为一名优秀的主角。当天下午，安妮的心理学老师找到她，尖锐地问："你今天去百老汇跟毕业后去有什么差别？"安妮仔细一想："是呀，大学生活并不能帮我争取到去百老汇工作的机会。"于是，安妮决定下学期就去百老汇闯荡。

老师又紧追不舍地问："你下学期去跟今天去，有什么不一样？"安妮激动不已，她情不自禁地说："好，给我一个星期的时间准备一下，我就出发。"老师步步紧逼："所有的生活用品在百老汇都能买到，你一个星期以后去和今天去有什么差别？"安妮终于双眼盈泪地说："好，我明天就去。"老师赞许地点点头。第二天，安妮就飞赴到全世界最巅峰的艺术殿堂——美国百老汇。

当时，百老汇的制片人正在酝酿一部经典剧目，几百名各国艺术家前去应征主角。按当时的应聘步骤，是先挑出10个左右的候选人，然后，让他们每人按剧本的要求演绎一段主角的对白。这意味着要经过百里挑一的两轮艰苦角逐才能胜出。安妮到了纽约后，费尽周折从一个化妆师手里要到了将要排练的剧本。这以后的两天中，安妮闭门苦读，悄悄演练。

正式面试那天，安妮是第48个出场的，当制片人要她说说自己的表演经历时，安妮粲然一笑。而当制片人听到传进自己耳膜里的声音，竟然是将要排演的剧目对白，而且，面前的这个姑娘感情如此真挚，表演如此惟妙惟肖时，他惊呆了。他马上通知工作人员结束面试，主角非安妮莫属。就这样，安妮来到纽约的第一天就顺利地进入了百老汇，穿上了她人生中的第一双红舞鞋。

你可能没有傲人的姿色、出色的才能、高贵的出身，但是请你相信，你和所有人都一样，拥有用自己的行动来追求幸福的权利。所以，别看比尔·盖茨富可敌国，别看妮可·基德曼艳光四射，任何人的幸福都是自己创造出来的。荣华可以无限，时间却是有限；生命虽然有限，精彩可以无限。积极地投身生活吧，让我们尽情地释放自己，让我们尽力地创造人生，让我们尽量地收获幸福。只要你的心态是积极的，你就一定能够获得出乎想象的力量，这种力量，会让你的人生绽放出耀眼的光芒。

消极心态的负能量

在这个世界上，两种不同的人造就了两种不同的心态。一个乐观的人，注定了他积极的心态，而悲观的人，则不可避免地陷入了消极心态中。面对生活，悲观的人看到的总是失望，失望遭遇多了，他们便开始绝望；相反，乐观的人却总是能从失望中得到积极的提示，从绝望中找到最后一线希望。

马丁·加德纳曾经这样说过：你需要做的只是不被自己的精神击垮，用意志力挺起生命的脊梁。

马丁·加德纳原来是位医生。他曾做过一个实验：让一个死囚躺在床上，告知其将被执行死刑，然后用木片在他的手腕上划一下，接着把预先准备好的一个龙头打开，让它向床下的一个容器滴水，伴随着由快到慢的滴水节奏，那个死囚昏死过去。1988年，他把实验结果公布出来时，遭到了司法当局的起诉，但他用事实告诉世人：精神才是生命的真正脊梁，一旦从精神上摧垮一个人，生命也就变形了。

因此，他竭力反对把实情告诉癌症患者。他认为，在美国死于癌症的病人中，80%的病人是被吓死的，其余才是真正病死的。

现在，加德纳是美国横渡大西洋3V俱乐部的心理教练。在他的指导下，一个叫伯来奥的人一举成名。这位男子划着独木舟从法国的布勒斯特出发，横跨大西洋和太平洋，历时6个半月到达澳大利亚的布里斯班，创造了单人独舟横渡大西洋的吉尼斯世界纪录。

消极的心理提示具有一种可怕的力量，故事中的死刑犯就是由于接受了来自外界的信息，从而作出相应的反应，最后在这种消极的心理提示下痛苦地走向死亡。

在很多情况下，生活并没有走向绝境，而是人们自己过多地受到外来信息的干扰，从而产生一种消极的心理暗示，使自己的精神被打垮，以至于深陷困境，不能自拔。

同样一个事物，悲观的人看了会更加消沉，它却能给乐观的人带来精神的鼓舞。

雨后，一只蜘蛛艰难地向墙上已经支离破碎的网爬去，由于墙壁潮湿，它爬到一定的高度，就会掉下来，它一次次地向上爬，一次次地又掉下来……

第一个人看到了，他叹了一口气，自言自语："我的一生不正如这只蜘蛛吗？忙忙碌碌而无所得。"于是，他日渐消沉。

第二个人看到了，他说：这只蜘蛛真愚蠢，为什么不从旁边干燥的地方绕一下爬上去？不能像它那样愚蠢。于是，他变得聪明起来。

第三个人看到了，它立刻被蜘蛛屡败屡战的精神感动了。于是，他变得坚强起来。

现代人越来越容易感染悲观的情绪。这种人看不到漫天飘洒的云彩，而只会一味地担心天会下雨；看不到拳击手被击倒后爬起来的顽强，只能为他的伤痕累累而心悸。对于这种人，一个很小的打击也足以使他绝望，令他一败涂地。

有两个见解不同的人在争论三个问题。

第一个问题：希望是什么？悲观者说：是地平线，就算看得到，也永远走不到。乐观者说：是启明星，能告诉我们曙光就在前头。

第二个问题：风是什么？悲观者说：是浪的帮凶，能把你埋葬在大海深处。乐观者说：是帆的伙伴，能把你送到胜利的彼岸。

第三个问题：生命是不是花？悲观者说：是又怎样，凋谢了也就没了！乐观者说：不，它能留下甘甜的果实。

突然，天上传来了上帝的声音，也问了三个问题。

第一个问题：一直向前走，会怎样？

悲观者说："会碰到坑坑洼洼。"乐观者说："会看到柳暗花明。"

第二个问题：春雨好不好？

悲观者说："不好！野草会因此长得更疯！"乐观者说："好，百花会因此开得更艳！"

第三个问题：如果给你一片荒山，你会怎样？

悲观者说："修一座坟茔！"乐观者反驳："不！种满山绿树！"

于是上帝分别给了他们一样礼物：给了乐观者成功，给了悲观者失败。

柏拉图说："决定一个人心情的，不在于环境，而在于心境。"悲观态度或乐观态度，是人类两种典型的心理倾向。悲观者和乐观者在面对同一个问题时，会有不同的看法。

一个人心情阴云密布的时候，看什么都不顺眼，当一个人欣逢喜事之时，连花儿都笑得灿烂。有位哲人曾说："当你一个人哭的时候，只有你一个人在哭；当你微笑的时候，世界在跟着你笑。"调整好心态，世界在你的眼里会变得精彩起来。

因此，一个人与其说是自己命运的主人，还不如说是自己心态的主人。

千万不要让自己的心情消沉，一旦发现有这种倾向就要马上避免。我们应该养成乐观的个性，面对所有的打击我们都要坚强地承受，面对生活的压力我们也要勇敢地克服。要知道，任何事物都有光明的一面，我们应该去发现光明的一面。垂头丧气和心情沮丧是非常危险的，这种情绪会减少我们生活的乐趣，甚至会毁灭我们的生活。

启发性发问让你迅速区分心态能量

人的一生中究竟有多少种可能性？我们怎样才能不断地发现这些可能性？并最终将这些可能性变为现实。

想到就能做到——启发性发问可以帮我们找到人生的无限可能。

掌握启发性发问的要领，是一种非常重要的能力，它可以让我们更加全面、更深层次地挖掘自身潜在的能量。启发性发问，是让自己在对自身的发问中，对自身加以引导，并最终获取答案。

有人问一位禅师：如何才能做到不论遇到任何困难，都能在自由的天地中活着？

禅师问：三月的江南是多么可爱，有鸟语、有花香，不到处都是动人的景象吗？

禅师是在用问题回答问题，却更让人回味。如果禅师这样回答如何："这么好的景色你好好看看，不要去想那些高深的道理。你眼前这种自然景色，就是在自由的天地里活着。"

我们可以看到禅师并没有直接去回答问题，而是用问题去回答。当然，禅师并不是不知道答案，但让发问者自己找到答案，对他的启发会更深刻。禅师发问的信念是——真正的答案就在发问者那里。人的大脑是一个智慧的宝库，在平常的生活中，并非每个人的智慧有多少差别，而是运用的能力有差别。

古希腊哲学家苏格拉底认为，人生来就已经具备所有需要知道的知识，只不过在漫长的成长过程中渐渐遗忘罢了，所谓的真理其实就是"回忆"起早已存在心中的事情而已。他曾经找来一个没受过教育的小男孩，问他一个很高深的数学问题："如何在不用任何工具的情况下能将一个四方形刚好拉长一倍？"

苏格拉底没有直接给予答案，而是用"怎么办？"来一步一步地问问题，一连串的问题之后，小男孩终于找到正确的答案。找到答案的那个小男孩非常开心，他大喊："我成功了！"的确，别人给的答案永远都不会像自己找到的那样喜悦，千万别剥夺了让自己成长的机会。所以，我们一定要坚信，真正的智慧和答案永远都在自己手中。通过启发，我们每一个人都可以成为智者，相信自己的智慧，给自己留下思考的空间，这就是禅师交给我们的道理。因为，真正的智慧和答案永远都在自己手中。

启发性发问，通常是通过一些拓展性的问题，启发我们释放出生命的潜能，让我们赢得通向成功的更多可能，得到真正意义上的成长和提升。

启发性发问，可以帮助我们发现自身都没有察觉的隐藏部分，释放出心态的潜能。

通过启发性发问，还可以区分出我们自身的盲点，更有针对性地去聆听自己，这样可以帮助自己了解自身不为人知的隐私部分，发掘出被隐藏的潜能。

为什么披露隐藏部分和区分盲点能释放潜能？

启发性发问能更深地挖掘信息，冲击我们固有的信念，从而使我们受到启发，愿意看得更多、更宽、更广。

启发性发问的重点：不在于问，而在于启发。

我们进行心态修炼通常都是为了解决某一个心态问题而进行的，所以启发性发问应该是一个方向性、策略性的过程。在这个过程中，我们可以通过很多问题来引导自己去探索某些特定的方向。通过这些问题，我们能够冲击自己原有的信念，促使自己调整心态，并激发自己的心态张力。

第三章

用心理暗示激发能量

潜能，存在于内心的巨大能量

在 1968 年墨西哥奥运会上，美国选手吉·海因斯以 9.95 秒的成绩打破了男子百米赛跑的世界纪录。当时的摄像镜头记录，他在撞线后回头看了一眼记分牌，然后摊开双手说了一句话。这一情景后来通过电视网络，至少被好几亿人看到，但由于当时他身边没有话筒，海因斯到底说了句什么话，谁都不知道。

1984 年，洛杉矶奥运会前夕，一位叫戴维·帕尔的记者在办公室回放奥运会的资料片。当再次看到海因斯的镜头时，他想，这是历史上第一次有人在百米赛道上突破 10 秒大关，海因斯在看到纪录的那一瞬，一定替上帝给人类传达了一句不同凡响的话。这一新闻点，竟被 400 多名记者给漏掉了（在墨西哥奥运会上，到会记者 431 名），这实在是太遗憾了。于是他决定去采访海因斯，问他当时到底说了句什么话。

凭借做体育记者的优势，他很快找到了海因斯，但是提起 16 年前的事时，海因斯一头雾水，他甚至否认当时说过话。戴维·帕尔说："你确实说话了，有录像带为证。"海因斯打开帕尔带去的录像带，笑了，说："难道你没听见吗？我说，上帝啊！那扇门原来虚掩着。"谜底揭开后，戴维·帕尔接着对海因斯进行了采访。针对那句话，海因斯说："自欧文斯创造了 10.3 秒的成绩之后，医学界断言，人类的肌肉纤维所承载的运动极限不会超过每秒 10 米。看到自己 9.95 秒的纪录后，我惊呆了，原来 10 秒这个门不是紧锁着的，它虚掩着，就像终点那根横着的绳子。"

"上帝啊！那扇门原来虚掩着。"海因斯的这句话给世人留下了太大的震撼。它让我们认识到，在这个世界上，只要你真实地付出，就会发现许多门都是虚掩着的。

第三章　用心理暗示激发能量

成功学大师拿破仑·希尔有一句名言："一个人一生中唯一的限制就是他内心的那个限制。"所谓的极限，人当它有，它才有。很多时候，困难和阻力被我们在心中放大了，好像一块拦路石横在我们通向成功的路上。其实，很多门都虚掩着，只要伸出手就能推开。一个人只要突破了自己内心的限制，就能够达到自己人生的最高峰。

人类在遇到绝境的时候，往往会发挥出平常发挥不出的能力。人没有退路，就会爆发出自己也想象不到的一种力量，这便是所谓的潜能。其实，我们每个人都像那只鹰一样，总是对现有的东西不忍放弃，对舒适安稳的生活恋恋不舍。只有在面临悬崖不得不拼搏的时候，才会激发出自己的潜能。

因此，一个人要想让自己的人生有所转机，就必须懂得在关键时刻把自己带到人生的悬崖。给自己一个悬崖，其实就是给自己一片蔚蓝的天空。

一位音乐系的学生走进练习室，在钢琴上，摆着一份全新的乐谱。

"超高难度……"他翻着乐谱，喃喃自语，感觉自己对弹奏钢琴的信心似乎跌到谷底，消磨殆尽。已经3个月了，自从跟了这位新的指导教授之后，不知道为什么教授要以这种方式整人。勉强打起精神，他开始用自己的十指奋战、奋战、奋战……琴音盖住了教授走来的脚步声。

指导教授是个非常有名的音乐大师，授课的第一天，他给自己的新学生一份乐谱。"试试看吧！"他说。乐谱的难度颇高，学生弹得生涩僵滞、错误百出。"还不熟练，回去好好练习！"教授在下课时，如此叮嘱学生。

学生练习了一个星期，第二周上课时正准备让教授验收，没想到教授又给他一份难度更高的乐谱。"试试看吧！"上星期的课教授也没提。学生接受了更高难度的技巧挑战。

第三周，更难的乐谱又出现了。同样的情形持续着，学生每次在课堂上都被一份新的乐谱所困扰，然后把它带回去练习，接着再回到课堂上，重新面临更高难度的乐谱，却怎么样都追不上进度，一点儿也没有因为上周练习而有驾轻就熟的感觉。学生感到越来越不安，越来越沮丧和气馁。

　　教授走进练习室，学生再也忍不住了，他必须向钢琴教授提问这3个月来何以不断折磨自己。教授没开口，他抽出最早的那份乐谱，交给了学生。"弹奏吧！"他以坚定的目光望着学生。

　　不可思议的事情发生了，连学生自己都惊讶万分，他居然可以将这首曲子弹奏得如此美妙、如此精湛！教授又让学生试了第二堂课的乐谱，学生依然呈现出超高水准的表现……演奏结束后，学生怔怔地望着教授，说不出话来。

　　"如果，我任由你表现最擅长的部分，可能你还在练习最早的那份乐谱，就不会有现在这样的程度……"钢琴大师缓缓地说。

　　挑战自己，是对自身潜能的一种激发。人往往习惯于表现自己所熟悉、所擅长的部分。但如果你愿意回首就会恍然大悟：从前看似紧锣密鼓的工作挑战、永无休止的环境压力，却在不知不觉间练就了今日的高超技艺。其实，每个人的内心深处都埋藏着无限潜能，这需要我们用心开采之后，才能为己所用。

好心态激发潜意识的力量

每个人都有潜在的力量,然而大部分人并没有认识到这一点。其实,当我们获得生命的那一刻,上帝便在每个人的心中埋下一颗充满能量的种子——潜能。只是潜能埋藏太深以至于被我们遗忘。潜意识有消极、积极之分,消极的暗示带来失败的人生,积极的暗示为我们赢得光明的未来。哈佛大学告诉学生,要善于选择对我们的生活有建设性作用的心理暗示。

世界上有无数庸庸碌碌的人,在这些人的体内同样有着巨大的潜能,他们只要能够激发体内的一小部分潜能,就可以成就自己的事业。

派蒂·威尔森在年幼时就被诊断出患有癫痫。她的父亲吉姆·威尔森习惯每天晨跑,有一天派蒂兴致勃勃地对父亲说:"爸爸,我想每天跟你一起慢跑,但我担心中途会病情发作。"她父亲回答说:"万一你发作,我也知道如何处理。我们明天就开始跑吧!"

于是,十几岁的派蒂就这样与跑步结下了不解之缘。和父亲一起晨跑是她一天之中最快乐的时光。跑步期间,派蒂的病一次也没发作。

几个礼拜之后,她向父亲表示了自己的心愿:"爸爸,我想打破女子长距离跑步的世界纪录。"父亲替她查看了吉尼斯世界纪录,发现女子长距离跑步的最高纪录是 80 英里[①]。

当时,读高一的派蒂为自己订立了一个长远的目标:"今年我要从橘县跑到旧金山(643 千米);高二时,要到达俄勒冈州的波特兰(2415 千米);高三时的目标在圣路易市(约 3218.5 千米);高四则要向白宫前进(约 4828 千米)。"

虽然派蒂的身体状况不是很好,但她仍然满怀热情与理想。对她

---

① 1 英里 = 1609.344 米

而言，癫痫只是偶尔给她带来不便的小毛病。她从不因此消极畏缩，相反，她更珍惜自己已经拥有的。

高一时，派蒂穿着上面写着"我爱癫痫"的衬衫，一路跑到了旧金山。她父亲陪她跑完了全程，做护士的母亲则开着旅行拖车尾随其后，照料父女两人。

高二时，她身后的支持者换成了班上的同学。他们拿着巨幅的海报为她加油打气，海报上写着："派蒂，跑啊！"但在这段前往波特兰的路上，她扭伤了脚踝。医生劝告她立刻中止跑步："你的脚踝必须上石膏，否则会造成永久的伤害。"

她回答道："医生，你不了解，跑步不是我一时的兴趣，而是我一辈子的至爱。我跑步不单是为了自己，同时也是要向所有人证明，癫痫患者照样能跑马拉松。有什么方法能让我跑完这段路？"

医生表示可用黏合剂先将受损处接合，而不用上石膏。但他警告说，这样会起水泡，到时会疼痛难耐。派蒂二话没说便点头答应。

派蒂终于来到波特兰，俄勒冈州州长还陪她跑完最后1英里。一面写着红字的横幅早在终点等着她："超级长跑女将，派蒂·威尔森在17岁生日这天创造了辉煌的纪录。"

高中的最后一年，派蒂花了4个月的时间，由西岸长征到东岸，最后抵达华盛顿，并接受总统召见。她告诉总统："我想让其他人知道，癫痫患者与一般人无异，也能过正常的生活。"

每个人都需要培养积极的自我意识。没有谁会帮你一辈子，将自己像菟丝花一样缠绕在别人的身上，终将一事无成，甚至面临绝境。要知道，只有自己才是自己的救世主，只要自己不放弃自己，就没有什么可以阻止理想的实现，困难不可以，病痛同样不可以。因为只要你做好了必要的准备，你的潜能就会充分发挥出来。

每个人手里都握有钻石宝藏，这里的钻石宝藏就是自身的潜力和能力。这些"钻石"足以使我们的理想变成现实。只要我们不懈地挖掘自己的钻石宝藏，积极地运用自己的潜能，我们就能够做好想做的一切，我们就能成为自己生活的主宰。

自我暗示的巨大力量

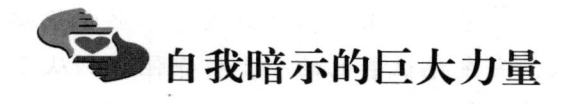

　　自我暗示是通过主观想象某种特殊的人与事物的存在来进行自我刺激，达到改变行为和主观经验的目的。自我暗示相当于一个人内心的"自我谈话"，代表一个人对自己的看法，是行动的基础。

　　自我暗示可以分为积极的自我暗示和消极的自我暗示。积极的自我暗示就是在内心里认为自己能够成功，正在进步，并且会越来越好。学会这种积极的自我暗示对于激发人的潜能和活力具有巨大的力量。哈佛大学的毕业生、美国著名学者爱默生有一句被世人传诵的名言："你，正如你所思。"

　　下面这个故事能很好地诠释他这句话的意思。

　　有一天，著名的成功学专家安东尼·罗宾在自己的办公室里接待了一个风尘仆仆、走投无路的流浪者。

　　那人进门打招呼说："我来这儿，是想见见这本书的作者。"说着，他从口袋中拿出一本名为《自信心》的书，那是安东尼许多年前写的。

　　安东尼微笑着示意流浪者坐下。流浪者激动地说："一定是命运之神在昨天下午把这本书放入我口袋中的，因为我当时决定跳进密西根湖了此残生。我已经对生活绝望了，所有的人已经抛弃了我。但还好，我看到了这本书，使我产生新的看法，为我带来了勇气及希望，并支持我度过昨天晚上。我已下定决心，只要我能见到这本书的作者，他一定能帮助我再度站起来。现在，我来了，你能帮助我吗？"

　　在他说话的时候，安东尼从头到脚打量了流浪者许久，发现他眼神茫然、满脸皱纹、神态紧张，一切都在向安东尼显示，他已经无可救药了。但安东尼不忍心对他这样说。

　　听完流浪者的故事，安东尼想了想，说："虽然我没有办法帮助你，但如果你愿意的话，我可以介绍你去见本大楼的一个人，他可以帮助你东山再起，重新赢回原本属于你的一切。"安东尼刚说完，流浪者立刻跳了起来，抓住他的手，说道："看在老天爷的分上，请带我去见这个人！"

他会看在"老天爷的分上"而做此要求，显示他心中仍然存在着一丝希望。所以，安东尼拉着他的手，引导他来到从事个性分析的心理试验室里，和他一起站在一块看来像是挂在门口的窗帘布之前。安东尼把窗帘布拉开，露出一面高大的镜子，流浪者可以从镜子里看到自己的全身。安东尼指着镜子说："就是这个人，在这个世界上，只有一个人能够使你东山再起，除非你坐下来，重新、彻底地认识这个人。否则，你只能跳进密西根湖里，因为在你对这个人做充分认识之前，对于你自己或这个世界来说，你都将是一个没有任何价值的废物。"

流浪者朝着镜子走了几步，用手摸摸他长满胡须的面孔，对着镜子里的人从头到脚打量了几分钟，然后后退几步，低下头，开始哭泣起来。过了一会儿，安东尼领他走出电梯间，送他离去。

几天后，安东尼在街上碰到了这个人，而他已不再是一个流浪汉形象。他西装革履，步伐轻快有力，头抬得高高的，原来那种不安、紧张的神态已经消失不见。他说他感谢安东尼先生，是安东尼先生让他找回了自己，且很快找到了工作。

后来，那个人真的东山再起，成为芝加哥的富翁。

有人在研究当代世界名人成长经历后发现，这些名人对自我都有一种积极的认识和评价，从而产生一种相当的自信。这种自信是在客观认清自己的现状之后仍保持的一种昂扬斗志，是成功者必须依赖的精神潜能。其实，人与人之间本来只有很小的差异，但这很小的差异往往造成了巨大的不同。巨大的差异就是一个人成功、幸福，还是平庸、不幸，而原本很小的差异就是凡事所采取的不同心理暗示。所以说，转变意识、发展积极心态，就要从心理上的自我暗示做起。一个人只要相信自己，就一定能充分激发出自己的潜能，就可以创造奇迹。

积极心理暗示的魔力

1960年,哈佛大学的罗森塔尔博士曾在加州一所学校做过一个著名的实验。

新学期,校长对两位教师说:"根据过去三四年来的教学表现,你们是本校最好的教师。为了奖励你们,今年学校特地挑选了一些最聪明的学生给你们教。记住,这些学生的智商比同龄的孩子都要高。"校长再三叮咛:要像平常一样教他们,不要让孩子或家长知道他们是被特意挑选出来的。

这两位教师非常高兴,更加努力教学了。

我们来看一下结果:一年之后,这两个班级的学生成绩是全校中最优秀的。知道结果后,校长如实地告诉这两位教师真相:他们所教的这些学生智商并不比别的学生高。这两位教师哪里会料到事情是这样的,只能庆幸是自己教得好了。

随后,校长又告诉他们另一个真相:他们两个也不是本校最好的教师,而是在教师中随机抽出来的。

这两位教师相信自己是全校最好的老师,相信他们的学生是全校最好的学生,有这种积极的心理暗示,才使教师和学生都产生了一种努力改变自我、完善自我的进步动力。这种企盼将美好的愿望变成现实的心理,就是心理暗示的作用。

心理暗示是我们日常生活中最常见的心理现象,它是人或环境以非常自然的方式向个体发出信息,个体无意中接收这种信息,从而做出相应反应的一种心理现象。暗示有着不可抗拒和不可思议的巨大力量。

成功心理、积极心态的核心就是自信主动意识,或者称作积极的自我意识,而自信意识的来源和成果就是经常在心理上进行积极的自我暗示。不同的心理暗示是形成不同的意识与心态的根源。所以说心态决定命运，正是以心理暗示决定行为这个事实为依据的。

心理暗示这个法宝有积极的一面和消极的一面，不同的心理暗示必然会有不同的选择与行为，而不同的选择与行为必然会有不同的结果。有人曾说："一切的成就，一切的财富，都始于一个意念。"你习惯于在心理上进行什么样的自我暗示，就是你贫与富、成与败的根本原因。两种截然不同的心理上的自我暗示，关键就在于你选择哪一面，经常使用哪一面了。

每个人都应该给自己以积极的心理暗示。任何时候，都别忘记对自己说一声："我天生就是奇迹。"本着上天所赐予我们的最伟大的馈赠，积极暗示自己，你便开始了成功的旅程。拿破仑·希尔给我们提供了一个自我暗示公式，他提醒渴望成功的人们，要不断地对自己说："在每一天，在我的生命里面，我都有进步。"暗示是在无对抗的情况下，通过议论、行动、表情、服饰或环境气氛，对人的心理和行为产生影响，使其接受有暗示作用的观点、意见或按暗示的方向去行动。

积极的自我暗示，能让我们开始用一些更积极的思想和概念来替代我们过去陈旧的、否定性的思维模式，这是一种强有力的技巧，一种能在短时间内改变我们对生活的态度和期望的技巧。

也就是说，我们可以通过有意识的自我暗示，将有益于成功的积极思想和感觉，播撒到潜意识的土壤里，并在成功过程中减少因考虑不周和疏忽大意等招致的破坏性后果，全力拼搏，不达目的不罢休。所以，你通过想象不断地进行积极的自我暗示，很可能会成为一个杰出者。

自我意象：让你由内而外地改变自己

每个人的内心都有一幅用来描绘自己的精神蓝图或"心像"。对我们的意识来说，这幅图像可能模糊不清，看不分明，甚至一个人的意识根本没有觉察到它的存在，但它的确就在那里，完完全全，纤毫毕现。

这个自我意象就是我们自己对"我是什么样的人"的看法，它是以我们的自我看法为基础形成的。这些关于自己的看法，大多数都是根据我们过去的经历、我们的成与败、我们的荣与辱以及别人对我们的反应，尤其是童年时代的早期经历，是无意识形成的。

对于一个人而言，一旦某种对自己的想法或信念进入这幅图像，它就会变成"事实"。很多时候，自我意象会控制你能做哪些事，不能做哪些事，哪些事对你来说很难，哪些事很容易，甚至会决定别人对你有何看法。了解了这些，我们可以看出自我意象对自身的重要性。

约翰·伍登在40年的教练生涯中，所带领的高中和大学球队获胜的概率在80%以上，在全美12年的篮球年赛当中，他所带领的球队曾替加州大学洛杉矶分校赢得10次全国总冠军。如此辉煌的成绩，使伍登成为大家公认的有史以来最称职的篮球教练之一。

曾经有记者问他："伍登教练，请问你如何保持这种积极的心态？"

伍登很愉快地回答："每天我在睡觉以前，都会提起精神告诉自己：我今天的表现非常好，而且明天的表现会更好。"

"就只有这么简短的一句话吗？"记者有些不敢相信。

伍登惊讶地问道："简短的一句话？这句话我可是坚持了20年！这与简短与否没关系，关键在于你有没有坚持去做，如果无法持之以恒，就算是长篇大论也没有帮助。"

伍登教练不仅在工作中时刻保持积极的心态，在生活中他也是一个积极乐观的人。

　　有一次他与朋友开车到市中心，面对拥挤的车潮，朋友感到不满，继而频频抱怨，但伍登却欣喜地说："这里真是个热闹的城市。"

　　朋友好奇地问："为什么你的想法总是异于常人？"伍登回答说："一点儿都不奇怪，我总是只看事物有利的一面。不管是悲是喜，我的生活中永远都充满机会，这些机会的出现不会因为我的悲或喜而改变，只要不断地让自己保持积极的心态，我就可以掌握机会，激发更多的潜在力量。"

　　只要你设定了一个目标，你就可以将其交给潜意识去工作，为了更深地唤醒潜意识的力量，你需要通过努力去积攒一些素材，这些素材会是线索，可以更好地激活潜意识，这样潜意识可以更好地帮你实现这个目标。如果这时你越是满腹担忧，你就会越难以实现目标。因此，只有保持积极的心态才能激发更大的潜能。

　　积极心态决定成功的人生，消极心态只能给人带来失败和沮丧。积极的心态能够催人上进，激发人潜在的力量。时刻鼓励自己，给自己积极的暗示，有助于我们走出困境，保持积极进取的精神。

用心呵护那双抓住梦想的手

一个人只有有了梦想,他才会有为之努力奋斗的动力。哈佛法学院教授德里克·博克是位非常受尊重的人,他曾说过这样一句话:"我早已致力于我决心保持的东西。我将沿着自己的路走下去,什么也无法阻止我对它的追求。"

每个人都需要梦想,梦想实现与否,全取决于我们自己。只要我们不放开呵护梦想的手,我们就一定会实现自己的梦想。下面我们来看一个关于梦想的故事,这个故事有些长,长到一个人用40年的时间来呵护着心中的一个梦。

芝加哥市一位名叫赛尼·史密斯的中年男子向当地法院递交了一份诉状,要求赎回自己去埃及旅行的权利。因为它涉及的内容非同寻常,所以立即引起了人们极大的关注。

事情发生在40年前,当时赛尼·史密斯只有6岁,在威灵顿小学读一年级。有一天,品德课老师玛丽·安小姐给学生们布置作业,让大家说出自己未来的梦想,全班24名同学都非常积极和踊跃,尤其是赛尼,他一口气就说出两个:一个是拥有一头属于自己的小母牛,另一个是去埃及旅行。

当玛丽·安小姐问到一位名叫杰米的男孩时,不知怎么搞的,他一下子没想出自己未来的梦想,因为他所想到的,别人都说了。为了让杰米也拥有一个自己的梦想,玛丽·安小姐建议杰米向同学购买一个。于是,在老师的见证下,杰米用3美分向拥有两个梦想的赛尼买了一个。由于赛尼当时太想拥有一头自己的小母牛了,于是就把第二个梦想——"去埃及旅行"卖给了杰米。

40年过去了,赛尼·史密斯已是人到中年,并且在商界小有成就。40年来,他去过很多地方,如瑞典、丹麦、希腊、沙特、中国、日本、然而他从来没有去过埃及。难道他没想过去埃及吗？不，他想过。据他说，自从他卖掉去埃及的梦想之后，他就从来没忘记过这个梦想。但是，作为一个虔诚的基督徒来说，他不能去埃及，因为他已经把这个梦想卖掉了。

现在，他和妻子打算到非洲去旅行，在设计旅行线路时，妻子提议埃及的金字塔是重点观光项目。赛尼·史密斯忍无可忍了，他决定赎回那个梦想，因为他觉得只有这样，他才能心安理得地踏上那片土地。

令人遗憾的是，赛尼·史密斯没有如愿以偿。经联邦法院认定，那个梦想已经价值3000万美元，赛尼·史密斯要想赎回去必然会倾家荡产。其中的缘由，从杰米的答辩状中可以略知一二。

杰米是这样说的："在我接到史密斯先生的律师送达的副本时，我正在打点行装，准备全家一起去埃及，这好像是我一口回绝史密斯先生要求赎回那个梦想的理由。其实，真正的理由不是我们正准备去埃及，而是这个梦想本身的价值。

"小时候我是个穷孩子，穷到不敢拥有自己的梦想。然而，自从我在玛丽·安小姐的鼓励下，用3美分从史密斯先生那里购买了这个梦想之后，我彻底改变了，我的心灵变得富有了。我不再淘气，不再散漫，不再浪费自己的光阴，我的学习有了很大进步。我之所以能考上华盛顿大学，我想完全得益于这个梦想，因为我想去埃及。

"我的儿子现在在斯坦福大学读书，我想也是得益于这个梦想。因为从小我就告诉他，我有一个梦想，那就是去埃及，如果你能获得好的成绩，我就带你去那个美丽的地方。我想他就是在埃及金字塔的召唤下，走入斯坦福大学的。现在我在芝加哥拥有6家超市，总价值超过2500万美元。我想，如果我没有那个去埃及旅行的梦想，我是绝对不会拥有这些财富的。

"尊敬的法官和陪审团的各位女士、先生们，我想，假如这个梦想属于你们，你们也一定会认为它已经融入你们的生命之中，已经和你们的生活、你们的命运紧密相连。你们也一定会认为，这个梦想就是你们的无价之宝。"

要花 3000 万美元赎回一个以 3 美分卖出去的梦想，在有些人看来也许没有必要，或者说根本不值得。然而，赛尼·史密斯却发誓说，哪怕花两个 3000 万，也要将那个梦想赎回。因为，现在他才明白，人的一生中最珍贵的东西就是——梦想。

美国著名作家杜鲁门·卡波特说："梦是心灵的思想，是我们的秘密真情。"梦想有一种巨大的魔力，能够不断召唤着你前进。因此，无论你的梦想怎样模糊，也不管你的梦想看似多么的不可思议，只要你勇敢地听从梦想的召唤，正视它，并坚持不懈地走下去，就能使梦想变成现实。

心有多大，舞台就有多大

人们常说的一句话：心有多大，舞台就有多大。

一个人只要有勇气为自己制定梦想，那么，他就已经成功了一半。如果你只想做一只在金丝笼中安逸生活的金丝雀，就注定会失去整片的天空。

摩根诞生于美国康涅狄格州哈特福的一个富商家庭。摩根家族1600年前后从英格兰迁往美洲大陆。最初，摩根的祖父约瑟夫·摩根开了一家小小的咖啡馆，积累了一定的资金后，又开了一家大旅馆，既炒股票，又参与保险业。可以说，约瑟夫·摩根是靠胆识发家的。

生活在传统的商人家族，经受着特殊的家庭氛围与商业熏陶，摩根年轻时便敢想敢做，颇具商业冒险和投机精神。1857年，摩根从哥廷根大学毕业，进入邓肯商行工作。一次，他去古巴哈瓦那为商行采购鱼虾等海鲜归来，途经新奥尔良码头时，他下船后在码头一带兜风，突然有一位陌生人从后面拍了拍他的肩膀："先生，想买咖啡吗？我可以出半价。"

"半价？什么咖啡？"摩根疑惑地盯着陌生人。

陌生人马上自我介绍说："我是一艘巴西货船的船长，为一位美国商人运来一船咖啡，可是货到了，那位美国商人已破产了。这船咖啡只好在此抛锚……先生，您如果买下，等于帮我一个大忙，我情愿半价出售。但有一条，必须现金交易。先生，我是看您像个生意人，才找您谈的。"

摩根跟着巴西船长一道看了看咖啡，成色还不错。想到价钱如此便宜，摩根便毫不犹豫地决定以邓肯商行的名义买下这船咖啡。然后，他兴致勃勃地给邓肯发出电报，可邓肯的回电是："不准擅用公司名义，立即撤销交易。"

摩根勃然大怒，不过他又觉得自己太冒险了，邓肯商行毕竟不是他家的。自此摩根便产生了一种强烈的愿望，那就是开自己的公司，做自己想做的生意。

无奈之下，摩根只好求助于在伦敦的父亲。他的父亲吉诺斯回电同意他用自己伦敦公司的户头偿还挪用邓肯商行的欠款。摩根大为振奋，索性放手大干一番，在巴西船长的引荐之下，他又买下了其他船上的咖啡。

摩根初出茅庐，做下如此一桩大买卖，不能说不是冒险。但上帝偏偏对他情有独钟，就在他买下这批咖啡不久，巴西出现了严寒天气，一下子使咖啡大为减产。这样，咖啡价格暴涨，摩根便顺风迎时地大赚了一笔。

从咖啡交易中，吉诺斯认识到自己的儿子是个人才，便出了大部分资金为儿子办起摩根商行，供他施展经商的才能。摩根商行设在华尔街纽约证券交易所对面的一幢建筑里，这个位置对摩根后来叱咤华尔街乃至左右世界风云起了不小的作用。

生机和危机永远是并存着的，只有敢于冒险的人才必有所获。

迎难而上就是一种勇气，害怕挑战的人只会像蜗牛一样，将自己深深地掩埋，再无出头的机会；害怕挑战的人惧怕失败，他们也许不明白挑战与机遇并存的道理。

事实上，机遇本身就蕴藏着风险。任何逆境里边都孕育着机遇，而且这种机遇的潜能和力量都是十分巨大的。为什么逆境也能够产生机遇呢？因为顺境和逆境在一定的条件下是可以转化的。环境本身是无情的，但也是公正的，它对所有人都一视同仁。环境虽然不以人的意志为转移，但是人对于环境却有主观能动性。每个人都可以努力去改变环境，到一定时候，逆境也可能转化为顺境。摩根之所以能够取得这样大的成功，在于他有一颗敢于冒险的心，他期望更大的成功，为此，他愿意去冒险、去争取，所以，机遇给了他舞台，梦想也成就了他的事业。

第四章
修正心态模式

勇于冒险，冲破内心的厚茧

一个卓越的人，不仅将他的工作安排得井井有条，甚至他的生活也被编排得丰富多彩。

生活中大多数时光都是平淡的，只有冒险才能让生活中少数的亮点更加精彩，令人回味。因此，卓越的人都会喜欢冒险，喜欢接触一些新鲜陌生的事物。

当然，冒险不同于鲁莽，二者是有本质区别的。如果你把一生的储蓄孤注一掷，采取一项引人注目的行动，在这种行动中你有可能失去所有的东西，这就是鲁莽轻率的举动。如果你由于要踏入一个未知世界而感到恐慌，然而还是接受了一项令人兴奋的新工作，这就是大胆的冒险。

没有冒险就很难得到成功，让我们敢于做第一个吃螃蟹的人吧！

古列特就是一位敢于冒险的人。他生于美国，在德国长大。当他26岁时，他来到美国纽约，选择了钢材原料与工具的进出口贸易作为自己的奋斗目标。这种业务就属于那种以自己的资金为赌注来做生意的冒险行业。

他所从事的行业充满风险和危机。事实上，钢铁市场行情涨落确实非常极端，常使从业者坐立难安！

一名青年胆敢单枪匹马来到一个陌生的地方从事如此一项充满冒险的工作，他的勇气从何而来？古列特说："这种与钢铁有关的买卖发展需要很长的一段时间，且长久以来一直由厂商垄断，像我这种'外来人'要想分一杯羹，可以说是毫无机会可言。因此，我必须冒险一搏。"

"冒险一搏才能赢"，就是古列特勇气与毅力的来源，其公司的建立便是根植在这种坚强的心理基础之上。

在他的公司创立不久,他被征召入伍了,直到战争结束后,他才扩大营运规模,大大小小的钢铁制品皆由他负责经营。一年的时间中,他至少有一半的时间在外奔波,忙于寻找新顾客与拓展新市场,并在投资与经营手段上连连使出冒险妙招,使公司的业务量直线上升。他有时甚至远渡重洋,飞往各国与客户洽商。多年来,他一直过着一个星期工作6天、一天工作12小时的生活,辛劳远超过常人,但他仍然干劲十足。

到20世纪50年代末,古列特的公司已成长到每年有1000万美元的业务,收益在100万美元以上,他个人一年的平均所得达40万美元之多。

可以说,其公司业绩已相当可观。

如果古列特当初没有冒险之心,也许就不会取得今天这种成果。

古列特由于本身十分乐于迎接挑战,所以他敢于冒险去创造机会,从而得以与幸运之神相遇。

要想获取成功,就要有冒险的精神,用阳光心态,全神贯注地做好准备,随时出击,牢牢地抓住机会。

世界的改变、生意的成功,常常属于那些敢于抓住时机、适度冒险的人。有些人很聪明,把不测因素和风险看得太透了,不敢冒一点儿险,结果聪明反被聪明误,永远只能"糊口"而已。实际上,如果能从风险的转化和准备上进行谋划,则风险并不可怕,相反,适度的冒险也许能为你带来财富和成功。

当然,年龄和冒险精神之间存在一种关联。经验越丰富,人就越谨慎;财富越多,人就越想求稳,这是人性的基本组成部分。你这辈子获得的成功越多,就越想躺在功劳簿上睡大觉。

虽然你还是原来的你,但是你发现自己已经变得不那么愿意承担风险,也不那么争强好胜了。你可能发现自己身上增添了不少循规蹈矩、稳扎稳打、步步为营的倾向。这是很危险的。

因此,如果你身上还残留有冒险精神,你就不要稳扎稳打、步步为营。对企业,特别是现代技术发展突飞猛进的企业来说,过分规避风险往往会带来致命的伤害。在当今世界，又有哪一个行业的技术发展不迅猛呢？

年轻人需要一种勇于冒险的精神，因为年轻，所以有不怕失败的资本。

打败懈怠，让进取心畅通无阻

舒适的诱惑和对困难的恐惧征服了许多人。进取心如果不能持之以恒，并不总是能战胜懈怠这个大敌，不能把人们一如既往地引向更美好的事物。而懒惰是安于平庸的先兆，所以，进取心的第一个敌人是懈怠。

数十年前，高中毕业下乡插队的张女士顶替父职到某企业工作，先后当过工人、车间调度、总公司办公室收发兼档案管理，饱经风霜的她任劳任怨。近年来，企业经营不景气，单位进行机构改革与调整，此时此刻，她猛然意识到自己年龄大、学历低，又无专长，下岗的忧患时刻威胁着自己。她思虑再三，决心在短期内掌握一技之长。

平常在工作中她帮打字员校对文稿，发现那位打字员不仅打字速度慢，而且错漏百出，校对后还要耗时修改，工作效率很低，公司里的几位老总都对其不满。看来，换人是迟早的事。

于是，张女士利用空闲时间苦练电脑打字技术，这对40多岁的她来说确实不容易。经过大半年时间的刻苦练习，她的录入速度提高到每分钟50字，而且准确率相当高，几乎免除校对了。文稿排版美观大方，文字摆放疏密有致，领导赞不绝口。

不久，一位学档案管理专业的大学生接替了她的工作，她被聘为办公室打字员。而那位比她年轻十多岁的前任则无奈地下了岗。

可见，想在这个社会上赢得一席之地，就必须要养成居安思危的习惯。如果做一份什么人都可以做的工作而又不思进取，那么说不定什么时候就被淘汰了。

人皆有惰性，一旦条件优越，就难免不思进取。然而，一个人要想在异常激烈的社会竞争中不被淘汰，还是要有危机意识，这样就可以未雨绸缪，主动出击，多一点儿生存的技能与智慧，对未来就多几分机会与把握。

在社会需要的压力下，在人类渴望美好事物的进取心的指引下，人类文明获得了长足的进步。只要我们尽力做好本职工作，不断付出努力，尚未实现的理想终究会变为现实。

推动生命向上的力量，使别人对我们充满信心。人们不要沉溺于过去，不满足现实的所有，而是努力地走向更高、更舒适的位置，努力学习新的知识，努力把自己塑造得更加优雅和高尚，努力获得更多财富和追求更高的社会地位。

生活中，一些极富潜力的人满怀希望地出发，却在半路停了下来，他们满足于现有的温饱和生存状态，选择放弃、逃避、退却。他们忽视、掩盖并且放弃前进，这样他们就失去了前进力量的引导，他们同时也失去了生命向他们提供的许多东西。他们都是易于满足的人。满足于现状者的典型特征就是放弃攀登，他们无视山峰为他们提供的机会，永远欣赏不到山顶的景色，然后庸庸碌碌地度过余生。对于一个满足现状的人来说，他没有任何更好的想法、更美的愿望，他不知道是不满足造就了人类伟大的精英。

只有当我们不满足于现状时，我们才会分享到进取心带来的无穷力量。

第四章 修正心态模式

善待压力，压力可以变动力

我们每个人都听说过或玩耍过一种叫"陀螺"的玩具，它是一种只有在外力抽打的情况下，才会旋转的玩具，而且外力越强大，它旋转得越快。身在职场，我们要学习陀螺的精神，在压力面前让自己永葆旺盛的斗志和持久的耐力。

人在职场，不可能没有竞争压力，但许多人视竞争对手为心腹大患，视异己为眼中钉、肉中刺，恨不得欲除之而后快。其实，能有一个强劲的对手，反而是一种福分，因为一个强劲的对手会让你时刻都有危机感，会激发你更加旺盛的精神和斗志。

加拿大有一位享有盛名的长跑教练，由于在很短的时间内培养出好几名长跑冠军，所以很多人都向他探询训练秘密。谁也没有想到，他成功的秘密仅在于一个神奇的陪练，这个陪练不是一个人，而是几只凶猛的狼。

因为这位教练给队员训练的是长跑，所以他一直要求队员从家里出发时一定不要借助任何交通工具，必须自己一路跑来，作为每天训练的第一课。有一个队员每天都是最后一个到，而他的家并不是最远的，教练甚至想告诉他改行去干别的，不要在这里浪费时间了。

突然有一天，这个队员竟然比其他人早到了20分钟，教练惊奇地发现，这个队员这天的速度几乎可以打破世界纪录。

原来，在离家不远经过一段5千米的野地，他遇到了一只野狼。那野狼在后面拼命地追他，他在前面拼命跑，最后，那只野狼竟被他给甩下了。

教练明白了，这个队员超常发挥是因为一只野狼，他有了一个可怕的敌人，这个敌人使他把自己所有的潜能都发挥了出来。

从此，这个教练聘请了一个驯兽师，并找来几只狼，每当训练的时候便把狼放开，没过多长时间，队员的成绩都有了大幅度的提高。

　　日本的游泳运动一直处于世界领先地位，有人说，他们的训练方法也很神奇：日本人在游泳馆里养着很多鳄鱼。

　　队员每次跳下水之后，教练都会把几只鳄鱼放到游泳池里。几天没有吃东西的鳄鱼见到活生生的人，立即兽性大发，拼命追赶运动员。运动员尽管知道鳄鱼的大嘴已经被紧紧地缠住了，但看到鳄鱼的凶相时，还是条件反射似的拼命往前游。

　　无论是加拿大人还是日本人，他们无疑都掌握了这样一个道理，敌人的力量会让一个人发挥出巨大的潜能，创造出惊人的成绩，尤其是当敌人强大到足以威胁你的生命时。敌人就在你的身后，只要你一刻不努力，生命就会有万分的惊险和危难。

　　在我们的现实生活中，大多数人天生是懒惰的，都尽可能逃避工作。他们大部分没有雄心壮志和负责的精神，宁可期望别人来领导和指挥。就算有一部分人有着宏大的目标，也缺乏执行的勇气。他们对组织的要求与目标漠不关心，只关心个人；他们缺乏理性，不能自律，容易受他人影响；他们工作的目的在于满足基本的生理需要与安全需要。只有少数人勤奋、有抱负、富有献身精神，他们能自我激励、自我约束。

　　人们之所以天生懒惰或者变得越来越懒惰，一方面是所处环境给他们带来的安逸；另一方面，人的懒惰也有着一种自我强化机制。由于每个人都追求安逸舒适的生活，贪图享受便在所难免。

　　此时，如果引入外来竞争者，打破安逸的生活，人们立刻就会警觉起来，懒惰的天性也会随着环境的改变而受到节制。

　　所以，善待你所面对的压力吧！千万别把它当成你前进的"绊脚石"，而应该把它当做你的一剂强心针，一台推进器，一个加力挡，一条警策鞭。欢迎生活、工作中的一切压力吧！因为它们的存在，才让你成为一只旋转得越来越快的陀螺。

能量，在体验中爆发

一个人能取得多大的成功，不是取决于一个人才能的高低，而是取决于他有多高层次的需要。在同一个社会，一些人成就大业，一些人取得小成功，一些人一蹶不振。不少人为了一个远大的目标，能经受长年累月的奋斗考验，进行长期的努力，也有不少人虽向往成功，却经受不起几次挫折便向困难投降。

你的需要是什么？产生的内在动力是强还是弱？一匹小马达也许可以带动一辆小拖车，但绝对带动不了一列火车。

你想成就大业，很好。但你必须了解带动火车飞速前进的动力机车与一般小马达的区别。确切地说，你必须了解你内心世界能推动你前进的动力是什么，有多大。

一般情况下，人们必须先生存后发展，所以人的低层次的生理需要、安全需要比高层次的爱的需要、尊重的需要更加强烈。自我实现的需要，一般要在前面四个层次的需要得到基本满足之后才会产生。

有些人由于长期没有得到低层次需要的满足，可能永久地失去对高层次需要的追求。然而，从成功的大小来说，高层次的需要推动大成功，低层次的需要推动小成功。

有一位名叫麦克法兰的世界级运动员，两岁半便双目失明，但他在母亲的鼓励和父亲的帮助下，以自己身体各个部分的"肌肉记忆"感知世界。他不仅具有顽强的生存本领，而且在摔跤、游泳、掷铁饼、掷标枪等体育项目中获得了全国和国际比赛的103枚金牌，改变了盲人只能靠拐杖或导盲犬生活的命运，创造了许多健全者也难以创造的奇迹。

另一位著名人物的经历也很感人。

1921年8月，一位39岁的美国人突然患了急性脊髓前角灰质炎，双腿僵直，肌肉萎缩，臀部以下全麻痹了。而这个沉重的打击发生在他竞选民主党副总统败北以后，他的亲属、挚友都陷入极度失望之中，医生也预言他能保住性命就是万幸。但他不屈服于命运的坚强意志使他"不相信这种娃娃病能整倒一个堂堂男子汉"。

为了活动四肢，他经常练习爬行；为了激励意志，他把家里的人都叫来看他与刚学会走路的儿子进行比赛。一次次都爬得气喘吁吁，汗如雨下……目睹那催人泪下的场面时谁也没想到，十余年以后，他竟奇迹般当选为美国第 37 届总统，坐着轮椅进入白宫。他，就是美国历史上唯一一位连任四届的总统罗斯福。

欲望的力量是惊人的，只要你用强大的欲望之力去推动你成功的车轮，你就可以平步青云，攀上成功之岭，改变生活中的一切。

像罗斯福这样的例子还有很多很多，如果把世界上类似的奇迹都倒推回它们刚刚开始出现的那种状态，我们就会惊奇地发现：一切都是从似乎"不可能"开始的。穿过开始和结局之间那个充满了拼搏奋斗、挫折失败和一个个小成功的漫长过程，我们所发现的这句格言总是会得到证明：欲望可以改变一切。

在你的头脑中也有自我实现的钥匙，在你的身边埋藏着无数愿望，把它们发掘出来加以培养，转化成强烈的欲望，你就可以成为一个真正卓越的人。

第五章
引爆心态正能量

能自省方自知

人们都有一种心理，不愿被别人所改变，即便是自己错误的思想。因此也不愿去改变别人。其实，自省是反抗的前提，反抗又能促进自己和更多的人自省。但凡成功的反抗者，无一不是成功的自省者。

古希腊哲学家苏格拉底说："未经自省的生命不值得存在。"生命的意义在于觉悟、自省、进取，苏格拉底将生命中的大部分时间用于自省，他也因此而成为了一代伟人。

自省是对自身思想、情绪、动机和行为的检查，是自我道德修养的方法，是让人进一步认识自己而不迷失自我。自省是一面镜子，将我们的错误清楚地照出来，使我们有改正的机会。

《爱与时尚》里的女孩说："人总是要变的。要么改变别人，要么改变自己。"改变别人叫反抗，改变自己叫自省。我对"改变"的看法大致如此。人生存在这个社会。每个人都有自己的需要和利益。但在进入社会之后这些需要必须与其他人妥协。一个不顾及他人感受的人，必然是一个不受欢迎的人。同时，为了被社会接纳，人也需要不断地调整自己、完善自己，使自己成为一个能很好实现自身价值的人，快乐的人。自省，可以说它对每个人都是必要的。

有一天，一个青年在街角的报亭借用电话，他用一条手帕盖着电话筒，然后说："是王公馆吗？我是打电话来应征做园丁工作的，我有很丰富的经验，相信一定可以胜任。"电话的接线生说："先生，我恐怕你弄错了，我家主人对现在聘用的园丁非常满意，主人说园丁是一位尽责、热心和勤奋的人，所以我们这儿并没有园丁的空缺。"

青年听罢便有礼貌地说："对不起，可能是我弄错了。"跟着便挂了电话。

报亭的老板听了青年人的话，便说："青年人，你想找园丁工作吗？我的亲戚正要请人，你有兴趣吗？"

青年人说："多谢你的好意，其实我就是王公馆的园丁，我刚才打的电话，是用以自我检查，确定自己的表现是否合乎主人的标准而已。"

自省就是一种自善的过程。自省的最终目的是利他，所以，自省是需要通过努力才能达到的人格境界。

自省需要一颗平等的心。承认自己只是众生中的一员，只是一个普通人而已，无论你地位怎么高、财富怎么多、头脑怎么聪明，你依然只是个普通人，因为离开了他人，你的这一切都毫无意义。从这个意义上说，每一个生命，即使最渺小、最卑贱的生命都是不可替代的。所以，你得尊重他人，尊重一切生命，认识自己不过是人群之中，甚至所有地球生命之中一个渺小、卑微的个体而已。你在追求自身的权利和利益的时候，也得保障他人的权利和利益；你在别人那里获得了光和热，你也得给别人同样的光和热。

人类自利的天性，却常常令自己看不见别人，而财富、地位、名誉等更使得凡俗之人像苍蝇逐臭飞蛾扑火那样，急急惶惶，前仆后继，哪里还能顾及别人，甚至早已忘掉了自己。

其实，"省"就是"小自"，把自己看得小一点儿、矮一点儿，然后才能看得见他人，看得见自己以外的生命。"省"也就是"少目"，尽量少用眼睛，多用心灵去看去思考。

自省需要我们的心中一片宁静，需要我们的情愫一片真诚，道存心底再观世界。表面的光辉与浮华太过刺眼，因为它挡住了真实；夸张的色彩与线条太过喧闹，因为它只折射出炫目的光彩，隐藏了致命的暗伤。那么，我们如何超过尘世的眼睛来重新审度？宁静而后知"至远"，淡泊而后知"明志"，让我们睁开心底的那双自省的法眼，从一颗淡泊而宁静的心出发来观察我们的生活，来享受我们的人生。

圣人常说：能自省者方自知。让我们从自省做起，读懂人生大智慧这本书。

乐观让人生有无限可能

哲人说:"你的心态就是你真正的主人。"

一位伟人说:"要么你去驾驭生命,要么是生命驾驭你。你的心态决定谁是坐骑,谁是骑师。"

一位艺术家说:"你不能延长生命的长度,但你可以扩展它的宽度;你不能改变天气,但你可以左右自己的心情;你不可以控制环境,但你可以调整自己的心态。"

良好的心态体现在许多方面,一个人的人生如果有好心态来护航,那么,他的人生中就不存在不可能的事。

迈克和彼得是很好的朋友,两人的性格有很大的不同。迈克性格开朗豁达,对什么事情都很容易产生好奇;彼得比较内向,平时少言寡语,每到一个新环境总会产生一些抗拒心理。他们两人大学毕业后,被一家销售公司同时录用。

进公司不久,迈克就和同事们打成一片,遇到不懂的问题,迈克积极请教,前辈们也乐于帮助这个有上进心的青年,所以,迈克工作起来得心应手。彼得则完全不一样,他沉默寡言,人际关系自然有些糟糕,这在很大程度上影响了他的工作。一个月之后,公司给新进的一批员工制定了一个指标:订单量超过考核标准的员工,不仅有丰厚的奖金,而且还会得到晋升的机会;达不到考核标准的员工,将予以解雇。

这条消息出来之后,迈克的工作劲头更足了。他每次经过办公室主任的房间时,总忍不住观望一下,他告诉自己:"一定要努力的工作,要不了多少日子,我一定可以坐在独立的办公间里工作,也一定能让自己的生活更加美好。"这样的想法就像是强心剂一般注入了迈克的体内,他变得更加强大起来。但这个消息在彼得听来像是一记重拳,

第五章　引爆心态正能量

狠狠地打在他的胸口。他不禁沮丧起来："天哪，这怎么可能完成呢，看来我真的要被解雇了。"

相信好心态的能量，如果你不甘于平庸一辈子，就要勇于做一个爆破手，引爆你的心态能量，让你的人生充满无限可能。

何谓好心态？首先是乐观的心态。

人的一生不可能一帆风顺，所以生活中的困难和挫折在所难免，而且通常机会也总是会伴随着困境一起出现。如果没有乐观的心态，就没有办法发挥自己的能量，揭开困难的面纱，获得成功的机会。

成功的人都拥有自信的心态。

古往今来，许多人之所以失败，究其原因，不是因为无能，而是因为不自信。自信是一种力量，更是一种动力。当你不自信的时候，你就很难做好事情；当你什么也做不好时，你就更加不自信。这是一种恶性循环。若想从这种恶性循环中解脱出来，就得与失败作斗争，就得树立牢固的自信心，只有自信的人才能够充分发挥自己的潜能。

渴望成功的人更需要有进取的心态。

有进取心就要有所行动，心动不如行动，虽然行动不一定会成功，但不行动则一定不会成功。生活不会因为你想做什么而给你报酬，也不会因为你知道什么而给你报酬，而是因为你做了些什么才给你报酬。一个人的目标是从梦想开始的，一个人的幸福是从心态上把握的，而一个人的成功是在行动中实现的。因为只有行动，才是滋润你成功的食物和泉水。"大鹏展翅，志在千里。"真正的成大事者，在开始人生旅途的第一步就已经确立了远大的志向。跑长跑和赛短跑，所采用的方式是不一样的，所到达的终点也是不一样的。总是想走得更远的人，才能走得更远。

平和的心态也是一种弥足珍贵的心态。

人生不可能一帆风顺，有成功，也有失败；有开心，也有失落。如果我们把生活中的这些起起落落看得太重，那么生活对于我们来说永远都不会坦然，永远都没有欢笑。人生应该有所追求，但暂时得不到并不会阻碍日常生活的幸福。因此，拥有一颗平常心，是人生必不可少的润滑剂。

好心态还包括从容的心态。

命里有时终须有，命里无时莫强求。不要去强求那些不属于自己的东西，要学会适时地放弃，从容地面对。也许在你殚精竭虑时，你会得到曾经想要得到而又没得到的东西，会在此时有意外的收获。适时放弃是一种智慧，它会让你更加清醒地审视自身内在的潜力和外界的因素，会让你疲惫的身心得到调整，成为一个快乐明智的人。什么也舍不得放弃的人，往往会失去更加珍贵的东西。适当的时候，给自己一个机会，从容地放弃，才有可能获得。

好心态应该拥有感恩的心。

我们不可能一个人生活在这个世界上，有许多事情没有别人的帮助根本无法完成。所以，我们要饮水思源、知恩图报，对这个世界怀抱一颗感恩的心。

感恩是一种心与心的连接，它能让自己的能量通过连接而不断增大。当然，好的心态并非仅仅只有这些，如果你能通过上面的阐述举一反三，你还会发现更多的好心态。简单来说就是，与目标一致的心态就是好心态；反过来，不好的心态就需要调整，直到适应你的目标。

生活中，一个好的心态，可以使你乐观豁达；一个好的心态，可以使你战胜面临的困苦；一个好的心态，可以使你淡泊名利，过上真正快乐的生活。人类几千年的文明史告诉我们，积极的心态能帮助我们获取健康、幸福和财富，也能让我们一路从容地走向成功。

不要辜负了活着的机会

"人生天地间，忽如远行客。"一个人的生命只有一次，相对于天地之悠悠，一个人的生命是短暂的，失去了就无法挽回。生命又是脆弱的，一不小心就可以让鲜活的生命顷刻间画上句号。所以，我们要珍爱生命。

人和动物的区别之一就在于人类有着明晰的死亡意识，也正由于这种意识，才使人对生命倍加珍惜，努力成就自己的一生。

现实中的人总会碰到各种磨难、痛苦、失意和挫折，要面对来自家庭、学校、社会等各方面的压力。这个时候，一个人如果能够正确对待，把种种不如意看作生命必须经历的一部分，那么负面的东西就可能转变成积极的因素。

比尔在一次意外事故中眼睛受了伤，视力不断下降，几个月后将完全失明。妻子为了在他能见到光明的日子里留下点儿什么，决定把家具和墙壁粉刷一遍。

于是，妻子请来了一个油漆匠，希望他能把这间房子粉刷的鲜亮明快。油漆匠是个断了半只胳膊的残疾人，他很感谢比尔太太给他的工作机会，工作起来非常认真。残疾的油漆匠每天都开开心心的，他一边干活一边吹着口哨，好像从来没有什么烦恼的事情。

一个星期后他完成了粉刷工作，其间也知道了比尔的情况。比尔对油漆匠说："你天天那么开心，也让我感到高兴。"算工钱时，油漆匠少算了100美元。比尔不解："你少算了工钱。"油漆匠说："我已经多拿了，一个即将失明的人还这么平静，你让我知道了什么叫勇气。"比尔却坚持要再给油漆匠100美元，他说："我知道了残疾人也可以自食其力，活得很快乐。"

珍惜生命，尊重生命的价值，热爱与发展每个人独特的生命，并将自己的生命融入社会之中，树立起积极、健康、正确的生命观。珍惜生命、尊重生命，才能培养起坚定的理想信念，才可能以博大的胸怀和坚韧的毅力去实现生命的价值，为社会创造幸福。

但许多人缺少的就是耐挫力，所以他们经常抱怨"累""没意思"，存在消极、懈怠心理，这些都是对生命不负责的表现。我们要学会热爱生命，不管遇到多大的困难，也都要给自己找到无数的生存理由，把非理性选择的依据一个个排除掉。我们要学会坚强，学会抗争，学会发现生活的真谛，从而保持旺盛的生命意识和积极的人生态度。

生命的价值首先是基于生命的存在，在此基础上才能得到发展和提升。每一个人都要防止任何可能伤害生命的行为发生，保护好自己的生命。

早晨，一个伐木工人照常去森林里伐木。他用电锯将一棵粗大的松树锯倒时，树干反弹重重地压在他的腿上，剧烈的疼痛使他觉得眼前一片漆黑。

此时，他只知道，自己首先要做的是保持清醒。他试图把腿抽出来，可办不到。于是，他拿起手边的斧子狠命地朝树干砍去，砍了三四下后，斧柄断了。他又拿起电锯开始锯树。但是，他很快发现：倒下的松树呈45度角，巨大的压力随时会把电锯条卡住；如果电锯出了故障，这里又人迹罕至，别无他路。他狠了狠心，拿起电锯对准自己的右腿，自行截肢……

难以名状的疼痛让伐木工人晕了过去，等他醒来之后，他用最快的速度简单地包扎了伤口，他决定爬回去。一路上，他忍着剧痛，一寸一寸地爬，一次次地昏迷过去，又一次次地苏醒过来，心中只有一个念头：一定要活着回去。

如果我们清清楚楚地看到了死神正一步步向你走来，最先垮下来的或许就是精神。但伐木工没有表现出死神即将来临的恐慌，他展现给人们的是一个对生命充满希望的形象。

生命是一个不能预期的过程，这个过程中充满着未知的苦难和挫折。每个人都必须承受生活中所有的挫折和痛苦，好好活着，用每一分每一秒来善待生命。勇敢地生活，勇敢地面对人生中所有的困苦，生命是短暂的，也是宝贵的。在这短暂而又宝贵的生命里，应善待生命，好好活着，抓住生命中每一瞬间，而不应选择消极的方式结束生命，却私自将痛苦和迷惘长久地留给亲人。

我们都明白一个道理：生命一旦结束，便无法复生，所以生命是无价之宝，是任何东西都无法替代的。既然如此，我们应在有生之年，善用上苍赋予的生命，为自己，也为社会作出点儿贡献，才不至于辜负那些为我们生命付出心血的人。所以，我们要用积极向上的乐观心态来行使生命的权利，尽情地享受生命的过程，精彩演绎生命中的每一天。

时刻享受你的人生

我们常听人说:"在人生的旅途上,别忘了驻足片刻,欣赏路边绽放的玫瑰。"但现代人忙碌得如陀螺打转,又有多少人曾放慢脚步,注意身旁美好的事物呢?我们脑里装的尽是排得密密麻麻的行程表,整日为工作烦心,还要被乌烟瘴气的交通搞得头顶冒烟,在这种情况下,我们几乎忘了身旁还有他人存在。

美国诗人惠特曼说:"人生的目的除了去享受人生外,还有什么呢?"

林语堂也持同样看法,他说:"我总以为生活的目的即是生活的真享受……是一种人生的自然态度。"

生活本是丰富多彩的,除了工作、学习、财富、功名,还有许许多多美好的东西值得我们去享受:可口的饭菜,温馨的家庭生活,蓝天白云,红花绿草,飞溅的瀑布,浩瀚的大海,雪山与草原,大自然的形形色色,包括遥远的星系,久远的化石……甚至工作和学习本身也可以成为享受。如果我们不是太急功近利,不是单单为着一己的利益,我们的辛苦劳作也会变成一种乐趣。

尽情地享受生活,让我们把眼光从"图功名"上稍稍挪开,去关注一下上帝给予我们生命、生活中的这些美好的事物。

据说恺撒与亚历山大就是在战事最繁忙的时候,仍然充分享受自然的正当的生活乐趣。他们认为,享受生活乐趣是自己正常的活动,而战事才是非正常的活动。

文艺复兴时期,法国著名思想家蒙田认为,他们持这种看法是明智的。"这不是要使精神松懈,而是使之增强,因为要让激烈的活动、艰苦的思索服从于日常生活习惯,那是需要有极大的勇气的。"

蒙田提出:"我们的责任是调整我们的生活习惯,而不是去编书;

是使我们的举止井然有序,而不是去打仗、去扩张领地。我们最豪迈、最光荣的事业乃是生活得写意,一切其他事情——执政、致富、建造产业,充其量也只不过是这一事业的点缀和从属品。"

努力地工作和学习,创造财富,发展经济,这当然是正经的事。享受生活,必须有一定的物质基础。只有衣食无忧,才能谈得上文化和艺术。饿着肚子,是无法去细细欣赏山清水秀的,更莫说是寻觅诗意。所以,人类要努力劳作。但劳作本身不是人生的目的,人生的目的是"生活得写意"。一方面勤奋工作,一方面使生活充满乐趣,这才是和谐的人生。

我们说享受生活,不是说要去花天酒地,也不是要去过懒汉的生活,吃了睡,睡了吃。如果这样"享受生活",那才叫糟蹋生活。

享受生活,是要努力去丰富生活的内容,努力去提升生活的质量。愉快地工作,也愉快地休闲。散步、登山、滑雪、垂钓,或是坐在草地或海滩上晒太阳。在做这一切时,使杂务中断,使烦忧消散,使灵性回归,使亲伦重现。用乔治·吉辛的话说,是过一种"灵魂修养的生活"。

爱因斯坦刻苦地攀登科学高峰,他也没忘了时时拉拉小提琴,让心灵沉浸在美妙的音乐里。会处理生活的人,一定懂得怎样给自己安排一片不受干扰的属于自己的小天地。在这里,你可以想你所要想的,做你所要做的,躲开一切你所要躲开的,逃避一切你所要逃避的。这片小天地就是你寄托灵魂的、真正属于自己的地方。

给自己的灵魂找一个寄托,那并不是消极的逃避,那正是一种积极的养精蓄锐。正如有位名人说的"我休息是为了工作"。我们也是一样,让灵魂去休息一下,养一养它在尘间奔波所受的伤,然后好再去奔波。

我们几乎很难找到一个人,能够成天只做他自己喜欢的事,过他自己所愿意过的生活。

每个人都必须被动地做些他并不想做的事,表演一些他并不喜欢表演的角色,过一种他所不愿过的生活。所以,我们发现,有些人一有时间就吸烟,有些人一有时间就看小说,有些人一有时间就写文章。

这些一有时间就想做的事，才真正是他所喜欢做的事。但是，因为他必须应付许许多多生活中的琐事，没有充分的时间和自由去做他所喜欢做的。因此，这些小小的嗜好，就成为他生活中的一点儿寄托。他从这里面找到他自己，得到生活的真味，暂时忘掉了世界的烦嚣。

假如你懂得生活，同时你也懂得自己，那么，你一定会在生活中找到那么一点儿使你安心、使你忘忧、使你沉醉的寄托。

这寄托有时很容易找到。一本书、一张唱片、一支笔、几张纸，或集邮、或摄影、或游山玩水，只看你兴趣近于哪方面，只看你是否诚心去找。

共享启动成功

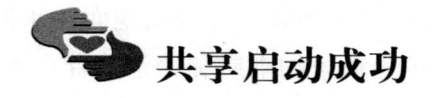

一个人学会与别人共享自己的力量，人生的成功才能得到最完整的发挥。

成功必须从欲望出发，而欲望是通过行动来实现的。成功的开始，就在于我们独处时候的所思所为，而真正成功的奉献，则会凌驾一己之私的范围。成功并不是我们独自的拥有，也不是行为的本身，它是用来判定我们本身价值的东西。

当一个人能公开对自己及他人承认，并非自己能独立获得这些成就，所以不能独享荣耀时，一种完美和谐的感觉会在其内心和人际关系中逐渐浮现。相互的感激与温暖的友谊使彼此不但共享成功的果实，且借由相互鼓励而不断地成长。

只要当过足球守门员都知道，球队的胜利不是他一个人的功劳。大部分的足球守门员都了解队友在前线防守的重要性。因为有了队友的防卫，球才不会轻易地被对方抢走，自己才可能打出漂亮的成绩。那些清楚这个事实，并能公开、大方地赞美队友的人，是值得嘉许的，因为在他们身上具有令人赞赏的风度及雅量。

每位父母都知道，仅靠自己的力量不可能独立地抚养一个孩子长大成人。有智慧的父母懂得感谢别人对她的帮助，无论这些帮助是来自于师长、邻居或亲朋好友。这样做并不会贬低父母的价值，相反的，他们为孩子开启了一扇窗，让孩子了解每个人都能在其生命中扮演重要的角色。他们教导孩子尊敬及看重他人，同时，父母也因此在这个抚养的过程中，感受着来自他人的帮助与支持。

每位企业领导者都知道，他的成功是员工们一起努力的结果。大方地赞许这件事吧！感谢那些每天勤奋工作的人，为他们喝彩。称赞那些为这个团体努力工作的人，因为嘉许员工，和他们分享成功，公司会得到更多。

可见，要想获得成功，就要学会与人分享。即使在竞争中，也是如此。

合作与竞争，可以说伴随着人类的出现而几乎同时出现的。"物竞天择，适者生存"，这是竞争的本质和普遍规律，也是自然界与人类社会得以前进的动力所在。竞争是与人争利，合作则是与人共利。看似矛盾的两者其实相生相克，互为补充。在成功的道路上，合作与竞争有许多相通的地方。

从原始社会到今天的社会主义社会，合作与竞争不仅没有削弱、消亡，相反，随着时间的推移和社会的进步，合作与竞争的趋势在不断增强。随着人类生存空间的不断拓展，交往的不断扩大，科技的不断发展，合作与竞争的联系也在日益加强。在向知识经济时代过渡的征途中，高科技的发展水平和发展速度已经超乎了人类的想象，不论是国与国之间、组织与组织之间，抑或是具体的个人之间，竞争与合作已经成为了不可逆转的大趋势。

实际上，任何一个人，任何一个民族、国家都不可能独自拥有人类最优秀的物质与精神财富，而随着人们相互依赖程度的进一步加深，那种一人打天下的思想多少显得有些幼稚。封闭的个人和孤立的企业所能够成就的"大业"将不复存在，合作与团队精神将变得空前重要。缺乏合作精神的人将不可能成就事业，更不可能成为知识经济时代的强者。

我们只有承认个人智能的局限性、懂得自我封闭的危害性、明确合作精神的重要性，我们才能有效地以合作伙伴的优势来弥补自身的缺陷，增强自身的力量，才能更好地应付知识经济时代的各种挑战。比如说，当年微软和"苹果"争雄时，因为微软公司的"兼容"，允许各大电脑厂商使用自己的操作系统而使自己迅速发展为世界软件业巨头，相反，"苹果"的"不兼容"则使自己的路越来越窄。

如今的成功，不再是孤立的含义，在全球化的浪潮中，共赢成为主流，而如果想要与人共赢，就必须与人分享，在分享中微笑竞争。

扫清心态障碍无死角

清理影响你成功的种种障碍,只有不留死角,你才能获取你梦想的果实。

只要有好心态,就不怕没有荣耀的将来;只要有好心态,就不怕事情做不成。好心态是排除万难、取得成功的法宝。

好心态可以助你成功,不良心态则是你成功的障碍。那么,不良心态又体现在哪些方面呢?

1. 阻碍你成功的消极心态

你自己是否有过这样的抱怨:这个世界应该对我的失败负责!

如果是这样,你就该暂停这种想法,再次思考一下。你要想想你的问题由世界负责呢,还是该由你自己负责。我们每一个人都应该如此,静下心来好好想想让我们失败的因素是什么?其实是我们消极的心态,这种心态常常使我们畏缩不前。要想取得成功,我们就必须牢牢地树立一种积极向上的成功心态,彻底清扫和控制住消极的失败心态。你可以把你的法宝从"消极心态"那面翻到"积极心态"那面,从而排除心理蛛网——消极的感情、情绪、酷爱、倾向、偏见、信条、习惯。

你要相信,你就是你所想象的那种人。你的思想决定你的心态是积极的,还是消极的。

2. 危害你健康的贪婪心态

金钱并不能买到健康,只有积极的心态才能促进心理健康和生理健康,才能有强大的不可抗拒的力量走向健康与成功。

贪婪心态从某种程度上讲,是一种无知,它意味着犯罪、疾病和死亡,因为财富本身并不能购买到健康。有很多人终其一生都在为财富奔忙,他们对金钱的渴望,远远超出了他的能力范围,最后导致身心疲惫，为此付出了惨痛的代价。

因此，要在你的内心发展积极心态，以致它能从你的有意识心理逐渐渗透到你的下意识心理。如果你这样做了，你将发现在你需要时和情况紧急时，甚至在生命最危险的时刻，它将自动地出现在你的意识心理中。

3. 使人甘于平庸的舒适心态

每个人心里都有一块让自己歇息的舒适区。一般来说舒适区有以下几个特征：舒服，痛苦和压力相对较少，在自己可控制范围内，可以适当地为自己紧凑的生活进行调节。在这个区域内，你会觉得很安全，很放松，不被打扰，不被人指责，可以做一些自己喜欢的事情。

但是当你舒适区的范围越来越大时，它就会给你制造出一种盲目优越于他人的假象，这样当你一旦越过了你的舒适区，你就会感到不安全、压力、焦虑，甚至恐惧。

如果我们始终待在舒适区内，保持着原有的心态，这当然会让我们觉得很舒适、很安全。但是，目标永远在舒适区之外。如果我们想要实现我们的目标，我们就必须不断地冲出舒适区。

4. 让你看不到未来的近视心态

近视应该是一个很容易被理解的词，我们有很多人深受其扰。但是你知道心态也存在近视疾患吗？

如果一个人只能看到眼前的东西，却看不到远处的东西，就是一个心理近视的人。他会让许多机会白白流失，这样的人需要有积极的心态克服心理近视，才能在更多事情上取得成功。当你的心理视觉歪曲时，你必然就像在一层虚假概念的薄雾中东奔西窜，就会不必要地碰坏或伤害自己和别人。

不要近视，特别是心灵近视——要看到未来，你才能明确自己通往成功的道路。

5. 面对压力让你产生妥协心理的焦躁心态

要生存，就要面对压力，压力来自方方面面，在现代生活中每个人都有可能面临它。如何克服来自各方的压力呢？成功人士的成功方法是调整心态，将压力变为动力，将消极失败的想法变为积极奋进的努力。

面对压力障碍时我们需要做的第一件事便是，站起来反抗它！不要因它而抱怨，更不要被它所压制。

通常一般人在情况好时均能保存力量，但是在形势不佳时，面对困难的能力往往会顿减或丧失。因此，设法持续保存战斗力便是关键所在。

6. 让你不敢向前的自卑心态

自卑是获取成功的最大敌人，自卑的人往往对自己缺乏最起码的信任，总觉得自己不如人，任何事情都很难做好。自信则是成功的力量，自信的秘诀就是让信仰的力量和心安的感觉充满心中。

在我们的人格理念当中，自卑是构成障碍性病态的最大因素。自卑心态的形成有多方面，有时是由于少年时期所遭遇到的感情作用，有时则可能是来自于某一种固定情境的影响，当然也不乏基于自己本身的问题或外力所加以的某种力量所致。

医治自卑的良药就是自信。让信仰的力量和心安的感觉充满心中，就是获得自信的秘诀，也是去除疑惑、克服缺乏信心的最佳方法。

当然，以上只是我们分析的几个方面，如果我们想更快速地获得成功，就要全面地清除掉那些影响我们成功的心态障碍，要记住，当你面临所有问题时，你必须首先从检查你自己开始。既然问题是无法避免的，无论我们喜不喜欢，它都会发生在我们身上，所以不安、愤怒甚至抗拒的心态，都只会成为阻挡我们前进的障碍。

因此，当阻碍成功的困难来临时，我们应该转变自己的心态，以积极乐观的姿态去面对，并主动采取新的措施去顺应变化后的世界。当我们"放下自我"，勇敢地迈向自己不安全的未知领域，才能有机会开拓一片崭新的天地！

第六章
解析情绪,打开心态密码

情绪影响了你的行为

情绪是动机的前提,如果没有情绪就不可能产生动机。试想一下,如果你对某件事情根本没有注意,没有喜欢、讨厌、高兴、失望等情绪的产生,你就不会产生动机,更不会有动机的结果"行为"了。

有的时候,我很清楚自己在做的事只能让我变得更加痛苦。比如我会被窗外的某些噪音分散心神,但不知为何,那反而给了我更多时间去体会那一刻的恶劣心情。我很惊讶自己居然会变成这样。

有一天,我躺在床上心情恶劣地翻动身体,晃动的一刹那让我想起了几分钟之前在被窝里的感觉——那种深深的舒适和温暖,可以裹着温暖的被子和枕着柔软的枕头安睡的感觉。我意识到在那一刻,这个世界是美好的,但是这种感觉怎么会消失了呢?于是,我反复对自己说:想这些事情完全没有用处。但是我立刻又对自己说,为什么我总是想着这些事呢?然后我又开始了新一轮的思考,自己究竟出了什么问题。

这是安琪在描述自己抑郁情绪时说的话。她明白自己对于悲伤事件的反应正是令她更痛苦的原因。她努力地想要改善状况,拼命去理解自己的思想出了什么问题,这样只会加剧她的悲伤情绪。

悲伤是人类自然的心理状态,是人与生俱来情绪的一部分,我们没有必要去摆脱它。真正的问题根源在于悲伤出现之后所发生的事。问题不在于悲伤本身,而在于之后我们对它的反应。

情绪是行动的信号,当情绪对我们说,某件事情不太对劲的时候,我们心里肯定会感到很不舒服。情绪的作用本来就应当如此,它是让我们采取行动的信号,督促我们做些什么来纠正情境的偏差。

如果这种信号没有让你感到不舒服,不能促使你采取行动的话,你还会在一辆快速驶来的卡车前面跳开吗?你还会在看到孩子被欺负时出手相助吗？你还会在看到厌恶的事物时掉头走开吗？只有当大脑的记录表明危机已经解除的时候，这种信号才会消退。

当情绪的信号表明问题就"在那里"——可能是一头怒气冲冲的斗牛或者大举压境的龙卷风，我们会立刻采取行动避免或者逃离这个场景。

大脑会调动一套自动化反应的程序来帮助我们处理危机，摆脱或者避免危险的侵袭。我们把这种最初的反应模式——也就是内心感到不安，想要逃避或者消除某样事物的反应叫作厌恶。厌恶会迫使我们采取一些适当的措施来处理危机情境，进而把警报信号关掉。从这个层面上来说，它可以为我们所用，有时甚至可以挽救我们的性命。

但是，当情绪性反应指向"自我"——包括我们的想法、情绪以及自我意识的层面时，同样的反应就可能造成完全相反的结果，甚至危及我们的生命。没有人能够摆脱自身经验的追赶，也没有人能够通过威胁恐吓的方式把那些烦恼、郁闷和威胁性的想法和感受赶跑。

当我们对消极的想法和情绪采取厌恶的反应机制时，负责生理躲避、屈从或者防御性攻击的大脑环路（大脑的"逃避"系统）便被激活了。而这个环路一旦开启，身体就会像准备逃跑或者战斗时那样紧张起来，当我们的全副精力都用于如何摆脱悲伤或者厌恶情绪时，我们的所有反应都是退缩的。头脑被迫关注着这类摆脱情绪的无效工作，将自己彻底封闭了起来，于是，我们的生活经验也变得越来越窄，我们的选择面也变得越来越窄，你会渐渐感到和外界接触的可能性正在不断地被削减掉。

消极情绪是可怕的，它就像是一个眼罩一样，蒙蔽住我们的双眼，让我们看不到正确的方向，走上一条错误的道路。

情绪可以改变命运

不要忽视自己的情绪，因为每一种情绪背后都蕴藏着一种强大的力量。情绪可以改变命运，这绝不是危言耸听的话。良好的情绪是成功的一大因素，它能让你在困境面前永不放弃，坚韧而又勇敢。它也终将把你引上成功之巅，让你成为一位卓有成就的人。

真正极富天资、得天独厚的人是极为少见的，许多的成功人士事实上都是很普通的人，他们的成就往往要归功于他们良好的情绪。

罗丹出生在一个贫苦的家庭，他酷爱画画，但他目不识丁的父亲一心想让他成为一个能干活养家的男人，并不指望他成为什么画家。当他得知罗丹背着他偷偷学画后，竟高举着皮鞭逼着罗丹把他画的画和姨妈送的画笔扔进火炉里。

进了校园的罗丹因为把时间都用在了画画上，学习很不好，于是，老师只好禁止他画画。一次，罗丹画了一幅罗马帝国的地图，被教师用戒尺狠狠揍了一顿，小手被打得通红，以致一个星期不能拿笔。

后来，在大姐的帮助下，罗丹终于进了一所免费美术学校学画。其中的一名教师勒考克是巴黎最杰出的教师，他厌恶美术学院死板僵化的教学方式，他的这种行为引起很多绘画大家的不满，也让罗丹以后的艺术道路受到了影响。当然，这是后话。

由于没有钱买颜料，罗丹不得不放弃自己钟爱的绘画。勒考克觉得罗丹是一个很有培养前途的学生，觉得他因为买不起颜料而终止学习非常可惜，于是就动员罗丹到雕塑室进行训练。灰心丧气的罗丹被勒考克严厉地数落一通后，跟随老师进了雕刻室。面对雕刻室里一堆堆湿乎乎的黏泥、橡皮的胶泥、赤褐色的陶土和一块块的大理石，以及好多梯子、支架和刀具，罗丹一下子被这个新鲜的世界吸引住了。

有了梦想的罗丹暗自告诫自己：这次不管怎么样，也不能半途而

第六章 解析情绪，打开心态密码

废。他每天从巴黎的这一头赶到另一头，对这座城市的街道、广场、花园、大桥和古代建筑，还有著名的塞纳河两岸的大道，他都满怀深情、了如指掌。他随身携带的小本子上画了成千上万幅写生。他没有休息日，星期六晚上泡在家里根据记忆画想要雕塑的人物草图，星期天则整天待在家里用黏土进行创作。

一晃3年过去了，罗丹请求勒考克推荐他考美术学院。在得到老师的同意并得到另一位雕塑家的推荐后，罗丹信心十足地去参加美术学院的考试。考试要求每天用2个小时总共在6天内完成整个人像，罗丹觉得这是做不到的事情，但还是抓紧时间干了起来。两天过去了，他才在纸上画好了草图，而多数考生已塑完了一半，但他们的作品都显得光滑而没有生气。在最后一天，罗丹的作品虽然没有完全塑成，但他感到已是所有考生中最好的。

但是，罗丹的报考表上填着"落选"。第二年、第三年，罗丹的报考表上依然写着"落选"两个字。

罗丹泪眼模糊，当他跟跟跄跄地走出考场时，一位学画的朋友告诉他："你是个天才的雕塑家，但因为你是勒考克的得意门生，所以他们永远也不会录取你，否则就等于他们赞成勒考克的艺术主张了。"

尽管罗丹此时几乎痛不欲生，但是他及时调整自己的不良情绪，继续投入到了自己的工作中。直到一年后，勒考克把自己视若生命的工作室交给了罗丹。

或许正因为这样，让完全没有了退路的罗丹终于用他的智慧和刀具，在世界雕塑史上留下光辉一页的同时，也使自己成为一尊不朽的雕像！

可以想象，如果面对父亲的责骂、经济的拮据、生活的艰苦以及美术学院的排斥，罗丹退缩了、消沉了，甚至是放弃了，那么世界会永远失去一位伟大的雕塑家。

歌德曾说过："只有两条路可以通往远大的目标，得以完成伟大的事业：力量与坚韧。"力量只属于少数得天独厚的人，但是苦修的坚韧，却艰涩而持久，能为最微小的我们所用。正因为我们有了良好的情绪控制力才得以坚持自我、永不放弃，才能与糟糕的际遇顽强地斗争。因为它那沉默的力量，是随时间而日益增长的不可抗拒的强大力量。最终，我们总会取得胜利。

　　重新认识自己的情绪，找到情绪中对我们有利的一面，发掘出它所暗藏的能量，然后运用这份强大的能量来改变我们的命运。

第六章 解析情绪，打开心态密码

情绪的真实与幻觉

我们恐惧什么？其实，很多时候，我们的恐惧来源于我们的自我意象的提示。就像我们做了一个不好的梦，心里就会想一定是有什么不好的事情将要发生，有了这种心理暗示，我们的紧张情绪就会被调动起来，进而让我们产生恐惧心理。

其实，我们最害怕的事物往往并不存在，那只是想象中的影子罢了。

卫斯里为了领略山间的野趣，一个人来到一片陌生的山林，左转右转，迷失了方向。正当他一筹莫展的时候，迎面走来了一个挑山货的美丽少女。

少女嫣然一笑，问道："先生是从景点那边迷失的吧？请跟我来吧，我带你抄小路往山下赶，那里有旅游公司的汽车在等着你。"

卫斯里跟着少女穿越丛林，阳光在林间映出千万道漂亮的光柱，晶莹的水汽在光柱里飘飘忽忽。正当他陶醉于这美妙的景致时，少女开口说话了："先生，前面就是我们这儿的鬼谷，是这片山林中最危险的路段，一不小心就会摔进万丈深渊。我们这儿的规矩是路过此地，一定要挑点儿或者扛点儿什么东西。"

卫斯里惊问："这么危险的地方，再负重前行，那不是更危险吗？"

少女笑了，解释道："只有你意识到危险了，才会更加集中精力，这样反而会更安全。这儿发生过好几起坠谷事件，都是迷路的游客在毫无压力的情况下一不小心摔下去的。我们每天都挑东西来来去去，却从来没人出事。"

卫斯里冒出一身冷汗，对少女的解释十分怀疑。他让少女先走，自己去寻找别的路，企图绕过鬼谷。少女无奈，只好一个人走了。卫斯里在山间来回绕了两圈，也没有找到下山的路。眼看天色将晚，卫斯里还在犹豫不决。夜里的山间极不安全,在山里过夜,他恐惧;过鬼谷下山,他也恐惧。况且,此时只有他一个人。

后来,山间又走来一个挑山货的少女。极度恐惧的卫斯里拦住少女,让她帮自己拿主意。少女沉默着将两根沉沉的木条递到卫斯里的手上。卫斯里胆战心惊地跟在少女身后,小心翼翼地走过了这段"鬼谷"。

过了一段时间,卫斯里故意挑着东西又走了一次"鬼谷"。这时,他才发现"鬼谷"没有想象中那么"深",最"深"的是自己想象中的"恐惧"。

有些人对一些本来并不可怕的事情产生一种紧张恐怖的情绪,他们自己也能意识到这种恐惧是完全没必要的,甚至能意识到这是不正常的表现,却不能控制自己,即使尽了很大努力也依然无法摆脱和消除,因而感到极为不安。

许多人简直对一切都怀着恐惧之心:他们怕暴风,怕受寒;他们吃东西时怕有毒,经商时怕赔钱;他们怕人言,怕舆论;他们怕困苦的时候到来,怕贫穷,怕失败,怕收获不佳,怕雷电,……他们的生命充满了林林总总的恐惧。

从前,有一个国王,他提供了非常优厚的一份奖金,希望有人能画出最平静的画,以便自己在心情烦躁时能拿来缓解情绪。许多画家都来尝试。国王看完所有的画,只有两幅他最喜欢。

一幅画是一个平静的湖,湖面如镜,倒映出周围的群山,上面点缀着如絮的白云。大凡看到此画的人都同意这是描绘平静的最佳图画。

另一幅画也有山,但都是崎岖和光秃的山,上面是愤怒的天空,下着大雨,雷电交加。山边翻腾着一道涌起泡沫的瀑布,看来一点儿都不平静。但当国王靠近一看时,他看见瀑布后面有一个小树丛,其中有一只母鸟筑成的巢,在那里,在怒奔的水流中间,母鸟非常平静地坐在它的巢里。

国王选择了后者,奖金给了画这幅画的画家。

平静并不等于完全没有困难和辛劳,而是在那一切的纷乱中间,心中仍然宁静。所谓平静,即在于此。

一幅画就能带给一个人内心的安宁，这说来多多少少都有些不可思议。然而，事实往往如此，我们总是把情绪和幻觉重叠，无法辨认哪些是真实存在的，哪些是虚幻的。因为情绪本身就是不确定性的，它很容易被外界因素所影响。

对自我进行深刻的剖析，认清自己真实的情绪，才是主宰自我的根本所在。

难以抗拒的感染力

情绪的感染力无处不在，某些时候你会做一个主动的感染源，某些时候你又会在不经意间成了某种情绪的被动感染者。也许在被感染的当时你并未察觉，等到你的情绪已经发生变化时，才觉察到情绪已经在不知不觉间发生了不可思议的转变。

人际关系的一个基本定理就是情绪的相互感染，这是影响力的一个重要体现。人们在交往中，彼此传输和捕捉相互的情绪信息，并汇聚成心灵世界的潜流，通过这股潜流的涌动来感染对方的情绪。对这种情绪控制的能力越高，社交中的影响力就会越大。

人们在交往时，情绪传递的方向总是从表达能力较强的一方指向相对较被动的一方。某些人特别容易受到情绪的感染，也就极易动容。

善于顺应他人情绪或使他人情绪顺应你的步调，必然能够提升你的影响力，并建立良好的人际关系。成功的领导者或者富有感染力的演讲家都具有这一特征，能用这种方式调动千万人的激情或眼泪。

斯大林在晚年"唯我独尊"的个性使他不允许有人比他高明，更难以接受下属的不同意见。一度提出正确建议的朱可夫曾被斯大林一怒之下赶出了大本营。但有一人例外，他就是华西里耶夫斯基，他往往能使斯大林在不知不觉中采纳他正确的作战计划。华西里耶夫斯基的进言妙招之一，便是潜移默化地在休息中施加影响。

在斯大林的办公室里，华西里耶夫斯基喜欢同斯大林谈天说地地"闲聊"，并且往往还会"不经意"地"随便"说说军事问题，既非郑重其事地大谈特谈，也不是讲得头头是道。由于受了启发，等华西里耶夫斯基走后，斯大林往往会想到一个好计划。过不了多久，斯大林就会在军事会议上宣布这一计划。

华西里耶夫斯基在和斯大林交谈时有时会有意识地犯一些错误，给斯大林充分的机会去纠正错误，表现其英明，然后把自己最有价值的想法含混地告诉斯大林，由斯大林形成完整的战略计划公开"发表"。

华西里耶夫斯基的成功，就是靠那种与领导之间的随意交流，逐步启发诱导着斯大林，使自己的种种想法得以实现，以至于连斯大林本人也认为这些好主意是他自己想出来的。同时，华西里耶夫斯基也使自己成为斯大林不可或缺的"宠幸"之人，发挥着巨大的甚至是无可替代的影响力。华西里耶夫斯基想干的事情，全都通过斯大林做成了，同时又保全了自己，继续做自己想做的事。

正如故事所讲的，只有通过情绪感染了对方，才能有效地影响对方。这种效果往往比单纯凭借理性的征服要强得多。

激情如火的演唱会上，活力四射的歌手们把台下观众的情绪调动得同样兴奋，他们的歌声和舞姿扣人心弦，最重要的是他们的情绪让观众们不由自主地随之跃动；而观众在看一些缠绵悱恻、凄惨无比的电视剧时，又会被剧中人物演绎的悲情所打动，随着剧中人喜而喜，剧中人悲而悲，这些都是情绪感染的力量。

在每一次与人交往的过程中，我们都在不断地传递着情感信息，影响着周围的人，同时也在不断接受他人的情感信息。在多数的情况下，这种交流与感染比较间接与隐秘，不为大多数人所察觉，但这种感染作用确实存在。人们都喜欢与热情大方开朗的人接近，从他们身上可以感受到勃勃向上的生命力，难道他们从不曾忧郁、悲伤与痛苦吗？当然不是，他们所掌握的不过是懂得如何将情绪适时适度地投射到他人身上。

情绪的交流往往会细微到几乎无法察觉，却又无时不在地左右你的思想和行为。早晨某人的一句话可能使你整个上午都处于一种情绪不安、心神不宁的状态中，也许你认为早已把那事儿给忘了，它却影响了你一整天的工作效率。

把热情倾注在你的工作或学习中，会使一切面目一新，许多研究与事实表明热情是影响人生成就的一大因素。同样，情绪也是影响人际关系的重要因素。研究表明，有热情的人在与人交往中往往更为积极主动，更勇于承担责任，更易于给予他人以关怀和帮助，因而更受人欢迎。

坏情绪会阻碍你的成功

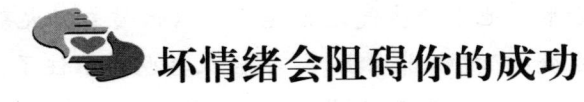

约翰·米尔顿曾经说过这样一句话：一个人如果能够控制自己的激情、欲望和恐惧，那他就胜过国王。

愤怒、憎恨、恐惧、悲哀是最常见的不良情绪的体现。情绪波动的因素很多，可能因自己目前的状况，周围的环境，内心的社会或环境理想在现实中达不到，心理的顺境要求不能在现实工作中得到满足，理想和现实的差距是你脾气不好的根源。当面对别人无端指责而自己却无能为力时，当工作、生活、学习压力太大无法排解时，当事业恋爱不顺时，当亲人无端受害时，当自己的利益受到严重侵犯时，当受到某种打击和刺激时，当受到伤害无处诉说时，当和人吵架时，当被人冤枉时，甚至可能因为别人的一句不顺耳的话或一句无意的玩笑，我们会极端生气、伤心、激动，这些都能引发我们的坏情绪。

情绪变坏不仅仅会影响我们的生活、工作，更严重时如果调节不好，可能爆发更大的脾气。每个人性格和脾气不同，表现的形式不同，性格比较温和的人会选择沉默或吵几句，脾气比较暴躁的人会发疯地打人、骂人，有些人甚至到了歇斯底里的疯狂状况，到了丧失理智的程度。一旦情绪失控，就意味着行为失控。所以，我们应该尽量避免坏情绪影响我们，生活中有些事情不是我们所能控制的，但我们可以调节我们的情绪，避免事情向坏的方向发展。

镇上失业了好几个月的年轻人到一个海上油田钻井队求职，那个岗位他很想得到。领班要求他在限定的时间内登上几十米高的钻井架，把一个包装好的漂亮盒子送到最顶层的主管手里。他拿着盒子快步登上高高的狭窄的舷梯，气喘吁吁，满头是汗地上到顶层，把盒子交给主管。主管只在上面签下自己的名字，就让他送回去。他又跑下舷梯，把盒子交给领班，领班也同样在上面签下自己的名字，让他再送给主管。

当他第三次把盒子递给主管的时候，主管看着他，傲慢地说："把盒子打开。"他撕开外面的包装纸，打开盒子，里面是两个玻璃罐，一罐咖啡，一罐开水。他十分生气地抬起头，双眼喷着怒火射向主管。

主管又对他说："把咖啡冲上。"年轻人再也忍不住了，"啪"地一下把盒子扔在地上："我不干了！"说完他看看摔在地上的盒子，感到心里痛快了许多，刚才的闷气全释放了出来。这时，主管站起身来，直视着他说："刚才让你做的这些，叫作承受极限训练，因为我们在海上作业，随时会遇到危险，就要求队员身上一定要有极强的承受力。可惜，前面三次你都通过了，只差最后一点点，你没有喝到自己冲的咖啡。现在，你可以走了。"

一位哲人说："气便是别人吐出而你却接到口里的那种东西，你吞下便会反胃，你不看它时，它便会消散。"生气时如果不小心控制，不仅伤害身心，还可能导致其他严重的后果，比如机会的丧失。约翰·肯尼迪曾这样说："一个连自己都控制不了的人，我们的民众会放心把我们的国家交给他吗？"

情绪就像人的影子一样每天与我们相随，我们在日常的工作、学习和生活中时时刻刻都体验到它的存在给我们的心理和生理上带来的变化。对于情绪，我们可以有很多具体的词语来描绘，愉快的或不愉快的，高兴的和不高兴的，满意的和不满意的，温和的和强烈的，短暂的和持久的，等等。人的情绪，是一种巨大的、神奇的能量。它既可以激发人的无穷动力，又可以把人推向万劫不复的深渊。

有人说，生活就是一面镜子，你笑她就笑，你哭她就哭。我们的生活何尝不是这样，千万不要让坏情绪影响了你的人生，阻碍了你的成功。

第七章
别让情绪左右你

我们为什么有厌烦情绪

我们的物质生活越来越好，可我们的情绪越来越善变，更甚至，我们越来越厌倦我们现有的生活。比如，我们寻求娱乐却常常觉得索然无味；甚至在剧院上演一幕精彩的戏剧时，也常常出现幕还没拉上就走了好几批观众的现象。我们坐在电视机前，看着一出又一出的电视剧、电影，脑子里却不知道看了些什么。我们看报纸、杂志的时候也是心不在焉，大多数人在说"我累了"的时候，实际上是指他们对自己所做的事情厌倦了，对自己的生活感到索然无味。

弗莱德曼所讲的"无名病"就是厌烦病。各个行业、各个阶层的人都会患这种病。无论你有什么，抑或你没有什么，都不能保证你不会患上厌烦病。无论是富人还是穷人，聪明的还是愚拙的，知识分子还是文盲，都同样会患上此病。

有一个商人去医院看病，却说不清自己有什么不适。医生给他做了彻底的检查，结果找不到这个商人有任何毛病，于是这个商人又到医生那里做了进一步查询。经过一段轻松的谈话后，医生对他说："我有一个好消息要告诉你，你的体格检查完全正常，我不用在你的病历卡上写任何东西。"

商人听了并不显得高兴，他说："医生，我从早晨起床到晚上睡觉，没有一刻不觉得疲倦。"这时，医生才意识到他患的是"厌烦病"，而不是一般的身体不适。于是医生就开始指出这个商人所拥有的一切：兴隆的生意、舒适的家庭、漂亮的妻子、可爱的孩子和其他能用金钱买到的许多东西。这个商人听了以后却说："让别人把这些东西都拿去吧，我对这些简直烦透了。"

为什么会出现这种现象？难道患这种病的人大多不是生活一帆风顺的吗？难道他们不是处于别人不能奢望的"顺境"之中吗？

第七章 别让情绪左右你

这还是和我们的心理习惯有关。这个世界上，可以说除了圣人之外，没有人能随时感到快乐。作家萧伯纳曾说道："如果我们感到可怜，很可能会一直感到可怜。"对于日常生活中使我们不快乐的众多琐事，我们可以由思考使我们感到快乐，这就是：大部分时间想着光明的目标与未来。而对小烦恼、小挫折，我们也很可能习惯性地表现出暴躁、不满、懊悔与不安的情绪，这样的反应我们已经"练习"了很久，所以成了一种习惯。你的生活没有目的、没有目标，你不明白你自己和你的命运；你无目的地做完一件又一件的事，到处搜寻，但最后厌烦了、疲乏了；你就像飞机要在暴风雨中找寻降落点，前景却一片模糊。

我们总是会感觉到无处不在的压力，为此，我们身心疲乏。身心疲乏是一种综合状态，也是一种危机状态，它是健康的主要杀手。有这种危机感的人感觉不到生活中有趣、有意义的地方。经常出现这样几种典型症状：冷漠、无聊、沮丧、乏力、身体不适等，在心理上体现为刻板僵化、态度消极、工作艰苦、效率降低等状态。

另外重要的一点是，疲劳的人没有好情绪。

哥伦比亚大学的桑戴克博士为研究厌烦与疲劳的关系进行了一系列实验。他找了一组学生，用不断改变他们兴趣的方法，使他们几乎一个星期不睡觉。桑戴克博士在总结他的实验时说："厌烦是引起疲劳的真正原因。"

这并不是说，如果你对你所做的事情非常感兴趣，你就可以整夜不睡。但要明白，厌烦引起疲劳，疲劳使你更厌烦。

莱利说："我们感到厌烦是因为无事可做时变得烦躁，这时就有一种行动的需要。厌烦并不是厌世，它可以很有用。当没有东西回报我们时，我们节省自己的能量，只有这样，当我们想再次投入时，才能够做得到。在'做有回报的事'和'做有回报的事却不高兴'之间需要有一种平衡。"

厌倦是人们常有的情绪体验，却会给人的身心、事业的成就造成极大的影响。当你有了厌倦情绪的时候，就需要重新审视自己的目标，知道自己到底想要什么之后，再积极从中发掘乐趣，报以热忱，坚持下去，直到成功。

人生无目标，生活无动力，就极易产生厌倦的感觉。尤其是那些厄运连绵的人，觉得活着很空虚，很无聊，很没劲儿。这种消极的生活态度使他们郁郁寡欢、萎靡不振，做什么事都提不起精神来，在国外称之"厌倦症"。他们特别怕苦怕累，不愿付出任何辛苦。虽处于青春年华，却死气沉沉，如近秋末暮年。他们体会到的是人生的无目的性和失望的痛苦滋味。

如何缓解我们的厌烦情绪？明确的人生目标是最有效的方法。努力改变原来的想法、做法，但"还没有成功"，因此怀疑自己的能力，产生厌倦的情绪而停止前进的人很多。许多人无法达到目标的最大原因就是，他们没有意识到毅力是使不可能的事成为可能的最大的动力，而因一时的挫折和平淡就立即投降。

如果发现自己目前离理想比较远，你就必须寻找一条能帮助自己达到较高理想的成长之路。谨记，循序渐进是实现理想的最好方法。

第七章　别让情绪左右你

把你心中的郁闷说出来

当你感到郁闷焦躁的时候，你的内心一定犹如翻江倒海一样的不安。我们都会碰到这样不安的情绪，它不仅会影响我们的心情，还会影响到我们的生活。面对这种境地，你会选择怎样的方式来化解这种坏情绪。

张明山是一个中学老师，前几天他遇到了一件奇特而又可笑的事：

那天晚上，他已经快睡着了，突然接到一个陌生妇女打来的电话，对方的第一句话就是"我恨透他了！""他是谁？"张明山奇怪地问。"他是我的丈夫！"张明山想，噢，她是打错电话了，就礼貌地告诉她："你打错电话了。"

然而，这个女人好像没听见似的，继续说个不停："我一天到晚照顾孩子和生病的老人，他还以为我在家里享福。有时候，我想出去散散心，他都不让，而他自己呢，天天晚上出去，说是有应酬，谁会相信……"

尽管这中间张明山一再打断她的话，告诉她，他并不认识她，可她还是坚持把话说完了。最后，她对张明山说："您当然不认识我，可是这些话我压了很久，现在我终于说出来了，心里舒服多了。谢谢您，打扰您了。"

这个事情似乎比较可笑，其实也有辛酸的一面。这个女人因为积压了过多的郁闷，已经到了非发泄不可的程度。为了自己心理的健康，她只好饥不择人，随便找人发泄一气了。还好，张明山的倾听让她暂时得到了情绪的缓解。

这个女人是让人同情的，如果她不及时发泄，也许会出现精神错乱，甚至更可怕的恶果。每个人的一生都会产生数不清的郁闷情绪，但最终能实现、能满足的并不多。一旦这样的情绪和意愿被压制，就会产生一种心理上的能量,这种能量只有通过其他的途径才能释放出去,它自身不会丝毫地减少,这就好像物理学中的"能量守恒定律",即使你在压抑、克制阶段意识不到它的存在,也只说明它从"显意识层",转移到了"潜意识层",对你的影响仍然存在,而且一直在找机会真正发泄出去。

老王是某政府机关的副处长,与处长关系处理得很不好,工作起来不愉快,想换其他部门又不可能,是继续与处长对抗还是妥协?或寻求和解?老王觉得自己根本找不到办法,只能开始逃避。

由于有了这种逃避心理,老王对工作也有了畏缩心理。平时遇到需要他处理的事情,他一般都会采取不表态,不提建议的方式,进行消极对抗。而且,从前烟酒不沾的他开始喝酒,业务上也开始不求上进,喜欢回家看电视。因为不知如何应付与上司的人际关系,老王长期失眠,情绪焦虑,胃口不好,常在家中发脾气,甚至迁怒于妻儿。对此,他非常苦恼。

情绪就像大水,你不让它发出去,就像往水库里蓄水,只能越涨越高,在心理上形成了一个强大的压力,势必会造成精神的忧郁、孤独、苦闷和窒息。如果这股暗流积累到一定程度,就会冲破心理的堤坝,使人显现一种变态的行为,甚至导致精神失常。对于这样的情绪,最好的办法是疏导,而不是堵塞。

因为堵塞只能是暂时的,达到一定程度就会造成"决堤",那时情绪失控就更严重了。所以,要学会倾诉,理智的缓解不良情绪,不要把它压在心里,这样只会给坏情绪施压,等到我们再也压制不住的时候,它就会像开关坏掉的水龙头一样,一发不可收拾。

找对你的出气筒

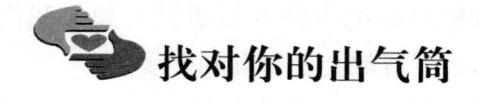

宣泄情绪需要找到你的正确方式，不要盲目地宣泄你的不良情绪，因为很多时候，采取的方式不当，不仅伤人还会伤己。

从前，有一个叫爱地巴的人，每次他生气或与别人争吵的时候，就以很快的速度跑回家去，绕着自己的房子和土地跑三圈，然后坐在田边喘气。

爱地巴是一个很精明和勤劳的人，他的房子越来越大，土地也越来越广。但不管房子和土地有多广大，只要与人争论而生气的时候，他就会绕着房子和土地跑三圈。

爱地巴为什么每次生气时都绕着房子和土地跑三圈呢？所有认识他的人，心里都感到疑惑，但是不管怎么问他，爱地巴都不愿意明说。

直到有一天，爱地巴很老了，他的房子和土地也已经很广大了，他生气时，仍然拄着拐杖艰难地绕着土地和房子转。等他好不容易走完三圈，太阳已经下山了，爱地巴独自坐在田边喘气。他的孙子在身边恳求他："阿公！您已经这么大年纪了，这附近地区也没有其他人的土地比您的更广大，您不要再像从前那样，一生气就绕着土地跑了。还有，您可不可以告诉我您一生气就要绕着土地跑三圈的秘密？"

爱地巴终于说出隐藏在心里多年的秘密，他说："年轻的时候，我一和人吵架、争论、生气，就绕着房子和土地跑三圈，边跑边想：自己的房子这么小，土地这么少，哪有时间去和别人生气呢？一想到这里，气就消了，把所有的时间都用来努力工作。"

孙子问道："阿公！那您年老了，已经变成最富有的人，为什么还要绕着房子和土地跑呢？"爱地巴笑着说："我现在还是会生气，生气时绕着房子和土地跑三圈，边跑边想：自己的房子这么大，土地这么多，又何必和别人计较呢？一想到这里，气就消了。"

任何事情都不像你想象的那样，值得耿耿于怀，让你生气和懊恼的不过是你自己罢了。不为小事烦恼，如此，才有充沛的精力去做更多有意义的事。面对自己始料不及的情况时，很多人往往会失去理智并迁怒于人，但这样只会把事情弄得更糟。如果我们把生气的时间花在解决问题上，那么事情就会变得顺利多了。

　　林肯说过这样一句话：无论你怎样表示愤怒，都不要作出任何无法挽回的事情来。

　　有一天，陆军部长斯坦顿怒气冲冲地来到林肯面前，抱怨一位少校公开指责他偏袒下属。林肯建议斯坦顿立即写一封信回敬那位少校。

　　"可以狠狠地骂他一顿。"林肯说。

　　斯坦顿立刻写了一封措辞激烈的信，然后拿给总统看。

　　"对了，对了。"林肯高声叫好，"要的就是这个！好好地教训他一顿，真写绝了，斯坦顿。"但是当斯坦顿把信叠好装进信封里时，林肯叫住他，问道："你要干什么？"

　　"寄出去呀。"斯坦顿有些摸不着头脑了。

　　"不要胡闹。"林肯大声说，"这封信不能发，快把它扔到炉子里。凡是生气时写的信，我都是这么处理的。这封信写得好，写的时候你已经解了气，现在感觉好多了吧，那么就请你把它烧掉，再写第二封信吧。"

　　和别人生气的时候，要注意控制自己的情绪，既不要把自己的愤怒压抑在心底，也不要将愤怒向别人发泄，而是找出一个缓解愤怒情绪的合理步骤。让自己的情绪缓一缓，等自己的内心平静了再作决定。

　　许多心情不快的人使自己陷于一种含有敌意的沉默中。其实，如果你能把这种不快表达出来，你就会感到某种轻松和真正的愉快。我们不妨学习一下林肯的做法，把自己的不好的情绪，或者是憎恨的人写在一张纸上，然后投进火炉里，让所有影响到你的坏情绪和不利因素都付之一炬。这样，不但我们的情绪得到了发泄，还不会危及他人。

　　找对自己的出气筒，不要一味地压抑胸中的怒火，不然，它会像一颗定时炸弹，会在适当的时候爆炸。如果不让它平息下来，便会毁灭一切。

哭，也是缓解不良情绪的方式

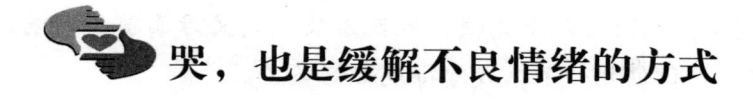

心理郁结需要发泄，内心悲哀也需要发泄，这时就要运用到另一手段：哭泣。

悲伤是每个人都会经历的情绪，流泪乃至放声大哭，是很正常的情感流露。然而在实际生活中要做到这一点，并不是一件容易的事，因为"有泪不轻弹"的传统习俗，往往把中国人的眼泪压到了肚子里。

医学证明，眼泪不仅是物质毒素的载体，也可以冲刷掉心理毒素。流泪可以缓解人的压抑感。有关专家通过对眼泪进行化学分析发现，泪水中含有两种重要的化学物质，即亮氨酸—脑啡肽复合物及催乳素。有趣的是，这两种化学物质仅存于受情绪影响而流出的眼泪中，在受洋葱或风沙刺激后流出的眼泪中则不含有这两种物质。研究发现，它们分别与人的紧张情感和体内痛感有关。这些物质随着泪水被排出体外，可以起到缓和紧张情绪的作用。所以，人在极度痛苦或过于悲伤时痛哭一场，往往会收到积极的心理效应。

通过哭来倾泄自己内心的痛苦，可以缓解不良情绪带来的压力。

有个女孩子，高考发挥失利，没有考上理想的大学。因为这次打击，原本开朗的她情绪开始低落，长时间的郁郁寡欢引发了癔症。

女孩的父母想尽办法来开解她，为此还组织一家人出去旅游，但是却起不到任何作用。女孩依旧走不出高考失利的阴影，终日沉默不语，常常发呆。父母怕她继续这样下去会有心病，便找了个心理医生为她医治。

医生了解了女孩的遭遇之后，只轻轻地说了一句话——"哭出来吧！"

女孩子就像是被施了法一样，眼泪哗哗地流了出来，之后一发不可收拾，越哭声音越大。她的父母听见了，还以为孩子要想不开了，跑进去就朝着医生一通埋怨。医生并没有为自己辩护，等到女孩的父母发泄完了，女孩也停止哭喊，她低着头走到父母面前，内疚地说道："对不起，让你们担心了，我觉得现在好多了。"

医生这时才走过去，说道："你不该压抑着自己的情绪，想哭就哭出来，这样，那些坏情绪才能找到发泄的出口。"

心理医生让女孩哭喊，就是为了让她把心中的抑郁和伤心发泄出来，这样才能使气血通顺，身心舒畅。很多时候，人处在极其痛苦的状态下，特别是在丧失了亲人的时候，大哭一场可以把自己的悲痛宣泄出来。

当然，哭的时候也要讲究时间、地点和条件，最好在没有人的地方大哭一场，以减轻心中的压力。一个人学会笑和哭都很重要。当然，学会笑更加重要，让笑伴随自己终生，常笑的人天天自信，天天乐观，天天开心，天天得意，对自己的心理健康来说无疑是随身的法宝。

学会哭也很重要。当然，我们不能像笑那样天天哭，但是在人的一生中不可能不遇到挫折，特别是在遇到自己的亲人亡故那些非常痛苦的事情，哭也会给人带来内心痛苦的减轻，释放内心的压力，对改善人的情绪起着很重要的作用。

但是，不幸的是，我们的传统似乎并不鼓励以哭泣来宣泄情绪。每当孩子在受到委屈时，便会不由自主地哭，此时大人就会说："不哭，不哭。"尤其是爱哭的小男生会受到大家的取笑。最不可取的教育方式是，在打完孩子后说："不准哭，哭的话再打喔！"孩子在压抑不哭下，已种下将来情绪失控的种子。

我们都知道，孩子是不容易有精神疾病的，他们之所以这样，除了因为他们未受到太多压力外，还因为他们爱哭的本事，这正保护了他们免于承受太大的委屈。而大人容易出现心理问题，也正是他们开始习惯压抑情绪所致。因此，当心情不佳或情绪不稳时，应找各种渠道说出你郁闷心情所受的委屈。如果有机会的话，要尽情地哭，很多人都有哭过后很舒坦的感觉。

　　喊叫和哭泣的权利是上天赐予人体的宣泄情感毒素的渠道。抑郁就大声喊,悲痛就放声哭。我们每个人都应当大胆地使用这个上帝赐予的排毒方法。

你不会贫乏到拿不出一个笑容

微笑具有很强的情绪感染力，它是一个非常主动的信号，这比应别人情绪要求，而作出的反应要有力得多。因此，微笑还传达了这样一个信息：你是一位能接受我的微笑的人。

尼尔森是一位优秀的飞行员，他曾经有一段不寻常的经历。在参加西班牙打击法西斯的一次战争中，他不幸被俘入狱。在狱中，尼尔森学会了抽烟。有一次，他摸出一根香烟，但是没有找到火柴。没办法，尼尔森鼓足勇气向看守借火。看守气势汹汹地打量他一眼，冷漠地拿出火柴。当看守走过来帮尼尔森点火时，两人的眼光无意中接触了，尼尔森下意识地冲着看守微笑了一下。

尼尔森也不知道自己为何要对他微笑，也许是显示友好吧。然而，就在这一刹那，这抹微笑打破了两人心灵之间的隔阂。好像是受到了微笑的感染，看守的脸上也露出了一抹不易觉察的微笑。他点完火后并没有立刻离开牢房，眼睛和善地看着尼尔森，眼神也少了当初的凶气，脸上仍然带着微笑。尼尔森也以微笑回应，仿佛他是个朋友。

"你有小孩吗？"看守先开口问。"有，你看。"尼尔森拿出皮夹，手忙脚乱地翻出了全家福照片。看守也掏出照片，并且开始讲述他与家人的故事。此时，尼尔森的眼中充满泪水，说他害怕再也见不到家人，怕没有机会看到孩子长大……看守听了以后也流下了两行眼泪。突然，看守打开牢门，悄悄带尼尔森从后面的小路逃离监狱。他示意尼尔森尽快离去，之后便转身走了，不曾留下一句话。

若干年后，尼尔森回忆说，如果不是那一个微笑，他不知能不能活着离开监狱。微笑竟然救了他一命。真诚的微笑如春风化雨，润人心扉。微笑的人给人的印象是热情、富于同情心和善解人意。你在出门前对镜子笑一下，自己就会获得好心情和动力。微笑其实很简单，对于微笑的理解是：没有人富到对它不需要；没有人穷到给不出一个微笑。

我们要记住：笑容是好情商的信使，你的笑容能照亮所有看到它的人。对那些整天都皱眉头、愁容满面、视若无睹的人来说，你的笑容就像穿过乌云的太阳。尤其对那些受到上司、客户、老师、父母或子女的压力的人，一个笑容能使他们了解到，一切都是有希望的，世界上是有欢乐的。

我们从心底发出的微笑，能传达出许多情绪信息，它似乎在对人说：我喜欢你，我是你的朋友，也请你喜欢我。

心理学家分析后认为，如果你对他人微笑，对方也会回报以友好的笑脸，但在这回应式的微笑背后，有一层更深的意义，那便是对方想用微笑告诉你，你让他体会到了幸福。由于我们的微笑，使对方感觉到自己是一个值得他人表示好感的人，从而有一种被肯定的幸福感。所以他也会快乐地对你微笑，这便是为什么微笑那么容易感染人。

密西根大学心理学教授米柯纳的研究表明，面带笑容的人，比起紧绷脸孔的人，在经营、推销以及教育方面更容易取得成效。笑脸比紧绷的面孔，藏有更丰富的情报，因而更有感染力，更有可能在人际互动中占据主动。师生之间、夫妻之间、亲子之间、上下级之间莫不如此。研究表明，彼此相互微笑的人，他们动作也协调。动作与生理反应协调，彼此之间越觉得融洽、愉快且情绪高昂，相处十分自在。

微笑就是有这么大的魅力，它会使你的事业迈向成功。如果你能时刻保持微笑，说不定，它就会给你带来极大的财富和成功。既然微笑有这么大的魅力，那么，我们何不经常保持微笑，让微笑来提升我们的影响力，帮助我们成就美好人生？

疏导压抑情绪，走出封闭心理

压抑的心理就好像一条无形的绳索，将人们的精神紧紧抓牢，让人们每时每刻都觉得痛苦、压抑、无法释放自己。压抑心理是一种较为普遍的病态社会心理现象。它存在于社会各年龄阶段的人群中，它与个体的挫折、失意有关，继而产生自卑、沮丧、自我封闭、孤僻等病态心理行为。挫折与压抑感之间互为因果，形成一个恶性循环。那么怎样才能疏导压抑，为自己的当下松绑呢？具体方法如下：

1. 运动法

压抑情绪能量的发泄的确是来势汹汹，不可阻挡。实际上，在一定控制范围内的适当宣泄，可以改善自己的情绪健康状态。比如，当你感到压抑时，不妨赶快跑到其他地方宣泄一下，干脆出去跑一圈，或做一些能消耗体力又能转移自己思想的体育运动，踢足球或打篮球都是不错的选择。特别是在活动中与人的合作和接触，又让我们有了新的交流。当你累得满头大汗气喘吁吁时，你会感到精疲力竭，相信这时你的压抑情绪已经基本被抚平了。

2. 眼泪法

对于压抑情绪的能量发泄还有一种方法，就是在我们感到十分压抑时不妨大哭一场。哭，也是释放积聚能量、调整机体平衡的一种方式。在亲人面前的痛哭，是一次纯真的感情爆发，如同夏天的暴风雨，越是倾盆大雨越是晴得快。许多人在痛哭一场之后，觉得畅快淋漓，压抑的心情也会随着泪水的流落而减少许多。为什么会这样呢？人们经过研究，发现奥秘在于眼泪。美国生物学家曾挑选了一批志愿者，组织他们观看一些令人悲痛欲绝的电影或戏剧，并要求他们在痛哭时把事先发放的试管放在眼睛下面，将眼泪收集起来。他们发现，一个正常的人在哭泣的时候，流出的眼泪有100～200微升，即使一场号啕大哭，眼泪也只有 1~2 毫升。在哭泣以后，对心动过速、血压偏高者均有不同程度的减轻。经过化学分析得知，原来在这些流出的眼泪中，含有一些生物化学物质，正是这些生物化学物质能引起血压升高、消化不良或心率加剧。把这些物质排出体外，对身体当然是有利的。

3. 倾诉法

倾诉，是缓解压抑情绪的重要手段。当一个人被心理负担压得透不过气来的时候，如果有人真诚而耐心地来听他的倾诉，他就会有一种如释重负的感觉。所谓"一吐为快"正是这个道理。对此，现代心理学中有"心理呕吐"的说法。美国心理学家罗杰斯认为，倾听不仅能使听者真正理解一个人，对于倾诉者来说，也有奇特的效果，心理上会出现一系列的变化。他会感觉到他终于被人理解了，内心有一种欣慰之感进而使压抑感得到缓解，心理上似乎感到一种解脱，还会产生某种感激之情，愿意说出更多心里话，这便是转变的开始。一个人如能从混乱的思绪中走出来，换一个角度去思考问题，重新审视自己的内心世界，那些原来以为无法解决的问题，就会迎刃而解。

4. 宣泄法

如果以上三种方法对你均没有产生效果，那么你就必须寻求心理医生的帮助了。心理医生会引导我们把自己心中的积郁倾吐出来，这称为宣泄疗法。宣泄疗法在现实表现中有一定的功效。当人们把自己的压抑情绪宣泄出来时，不仅能减轻宣泄者心理上的压力，也能减轻或消除他们的紧张情绪，容易使发泄者恢复到平静的心情。我们经常可以看到有些心胸开阔、性情爽朗的人，他们心直口快把自己的压抑情绪诉说出来，便不再愁眉苦脸了。所以，这种人的心理压抑往往能获得及时解决。可是我们也常看到一些心胸狭窄的人，爱生气，心中总是闷闷不乐，由于心理压抑长期得不到解决而容易发生心理疾病。

第八章
保持乐观心态

乐观，让你成为你想成为的人

你对自己的人生有怎样的规划，你渴望自己成为怎样的人？

很多人在初入社会时都是信心满满，意气风发，可一旦遇到重大的打击或者遭遇惨痛失败的时候，有多少人能做到迎难而上，接受命运的挑战？这世界上，没有随随便便的成功。

生活总是充满苦难和磨炼的，而充实的生命，幸福的人生，需要能够忍受寂寞，忍受他人的恶意羞辱，忍受生活的磨炼，在忍耐中坚强，在坚强中成长。

美国前总统克林顿所取得成就是有目共睹的，但是，这样成功的一个伟人，他的童年是很不幸的。

在他还没有出生的时候，父亲在一场车祸中丧生。他母亲因无力养家，只好把出生不久的他托付给自己的父母抚养。童年时期，克林顿受到外公和舅舅的深刻影响。他自己曾说，他从外公那里学会了忍耐和平等待人，从舅舅那里学到了说到做到的男子汉气概。

在克林顿七岁的时候，他离开了外公家，跟随母亲和继父迁往温泉城。生活似乎不打算厚爱这个可怜的孩子，重新建立的家庭并不幸福，母亲和继父常常因为意见不合而发生激烈冲突。继父嗜酒成性，酒后经常虐待克林顿的母亲，有时还会对克林顿拳脚相向。这给从小就寄养在外公家的小克林顿心灵蒙上了一层阴影。

坎坷的童年生活，使克林顿形成了尽力表现自己，争取别人喜欢的性格。

他在中学时代非常活跃，一直积极参与班级和学生会活动，并且有较强的组织和社会活动能力。他是学校合唱队的主要成员，而且被乐队指挥定为首席吹奏手。

1963年夏，他在"中学模拟政府"的竞选中被选为参议员，应邀参观了首都华盛顿，这使他有机会看到了"真正的政治"。参观白宫时，他受到了肯尼迪总统的接见，不但同总统握了手，而且还和总统合影留念。

此次华盛顿之行是克林顿人生的转折点，使他的理想由当牧师、音乐家、记者或教师转向了从政，梦想成为肯尼迪第二。

有了目标和坚强的意志，克林顿此后30年的全部努力都紧紧围绕这个目标。上大学时，他先读外交，后读法律——这些都是政治家必须具备的知识修养。离开学校后，他一步一个脚印：律师、议员、州长，最后达到了政治家的巅峰——总统。

人都希望在一个平和顺利的环境中成长，但上帝并不喜爱安逸的我们，他要挑选出最杰出的人物，让这部分人历经磨难，千锤百炼终成金。一位学者说过："苦难是一所学校，真理在里面总是变得强有力。"每一个渴望成功的人都需要到其中接受教育。

历经风雨的洗礼，忍耐苦难的磨炼，生命才能常驻常新。忍耐是人生一大修养，也是幸福生活不可或缺的动力。

真正的忍耐不仅在脸上、口上，更在心上，根本不需要忍耐，而是自然就如此，是不需要力气、分毫不勉强的忍耐。人要活着，必须以忍处世，不但要忍穷、忍苦、忍难、忍饥、忍冷、忍热、忍气，也要忍富、忍乐、忍利、忍誉。以忍为慧力，以忍为气力，以忍为动力，还要发挥忍的生命力。只要你在忍耐中坚强，就必定能在坚强中成长。

乐观能改变世界

生活就像一座围城，我们每个人都住在这座围城里，时间久了，自然就会出现各种各样的问题，我们也会因为这些问题而遭遇种种麻烦。比如：目前从事的工作不是自己喜欢的，周围的同事可能不喜欢自己，自己努力做好了每一件事但上司就是没有采取任何的表彰措施，而更为普遍的是对自己目前收入的抱怨……当这些麻烦出现的时候，你就会对你的生活产生失望情绪。类似这样的人不在少数，即使那些现在已经拥有一番事业的成功人士也一样，他们也曾经经历过这些问题，他们之所以能够取得最后的成功，关键在于他们能及时调整自己的心态，把自己转换到乐观的想法中去。因此，不要陷入不良心态的泥沼中，总是抱怨领导不懂得欣赏自己；同事不友爱、素质低；家人不争气，总拖自己的后腿等，要学会正视现实，乐观面对眼前的困境，时刻告诉自己："既然已经来了，我就笑着迎接！"

《动物世界》中讲述过一头骆驼的故事，画面上是一头步履蹒跚的骆驼，艰难地在烈日下行走。

解说词旁白是这样的：这是一头正在生病的骆驼，它要独自步行40多公里，去沙漠深处的水源旁采摘一种植物。据说吃下那种植物，骆驼的病很快就能好转、痊愈。生病的骆驼，居然独自走这么远的路去找药，实在可怜。屏幕上，骆驼默默地走着，好像根本就没有想过生病的时候是需要陪护的。它四只脚秩序井然地抬起又沉重地落下，庞大的身躯忍受着阳光的烤灼和病痛的折磨，它却从容地缓缓前行。孤苦吗？很疼吗？想哭吗？那就痛快地大哭一场吧……

解说员沉重而激昂的语气中，充满了对骆驼的担心和敬畏，可是再细瞧画面中骆驼的面庞，却全然没有一丝痛苦或者想要放弃的迹象，除了倦怠，骆驼的脸上一直保持着一种平静而怡然的神态。

第八章 保持乐观心态

画面渐渐丰富起来，单调枯黄的沙漠、沉闷的天空、灼热的太阳随着镜头的推进一一浮现。生病的骆驼终于走完了寂寞的路程，找到了治病的植物。几天之后，生病的骆驼终于康复了，它用力甩开蹄子在大沙漠上快乐地奔跑着，这一刻，它充分享受着自救带来的幸福感觉。

沙漠、病痛，对于人来说，可能是生命的困境，而骆驼没有在困境面前绝望、无助甚至放弃，它选择了坦然面对。骆驼的这种乐观顽强的精神，给我们带来很大的震撼和启发，它用自己的亲身经历告诉我们：世界上没有走不出的绝境，只要我们始终保持一份乐观的心态，世界也会因此而改变。

我们处在一个竞争激烈的社会，在这样一个生存环境中，如何保持乐观的心理状态，积极面对困境，而不是逃避问题，怨天尤人，对我们来说，是至关重要的。但是，在现实生活中，能够以乐观的心态和行为面对挫折和挑战，并不是一件容易的事情。我们可以看到周围有不少人，他们或因工作、事业遭遇挫折而苦恼抱怨，或因家庭、婚姻关系不和睦而心灰意冷，甚至还会有人因遭受严重打击而产生轻生的念头。在这些困难面前，一个人的生命似乎总是那么脆弱和无力负荷。

其实，在我们的一生当中，或多或少都会遇到一些不如意的事情，关键是看我们采取怎样的态度面对。一个人在心理状态最糟糕的情况下，不是走向崩溃就是走向希望和光明。有些人之所以有着不如意的遭遇，很大程度上是由于他们个人的主观意识在起着决定性作用，他们选择了逃避，而事实上逃避根本解决不了任何问题。如果我们能够善待自己、接纳自己，并不断克服自身的缺陷，克服逃避心理，那么我们就能坦然乐观地面对生活，拥有更为完美的人生。

乐观是操之在我的"心造幸福"

怎样才算是乐观？乐观是无论在什么样的情况下，都可以保持良好的心态，在厄运中依然充满快乐的心境。乐观者通常会用快乐去感染他周围的环境。心理学家对快乐的定义是，一种主观上安乐的状态——平衡而满足的内在感受。当我们拥有快乐的时候，会喜爱自己，热爱生活，能够从每一天当中得到乐趣。想拥有幸福，就要懂得自己争取，有时候，想象幸福，也会把幸福感充盈在内心。

有位青年，厌倦了生活的平淡，感到一切只是无聊和痛苦。为寻求刺激，青年参加了挑战极限的活动。活动规则是：一个人待在山洞里，无光无火亦无粮，每天只供应5千克的水，时间为整整5个昼夜。

第一天，青年颇觉刺激。

第二天，饥饿、孤独、恐惧一齐袭来，四周漆黑一片，听不到任何声响。于是他有点儿向往平日里的无忧无虑来。

他想起了乡下的老母亲不远千里地赶来，只为送一坛韭菜花酱以及小孙子的一双虎头鞋。他想起了终日相伴的妻子在寒夜里为自己披好被子。他想起了宝贝儿子为自己端的第一杯水。他甚至想起了与他发生争执的同事曾经给自己买过的一份工作餐……渐渐地，他后悔起平日里对生活的态度来：懒懒散散，敷衍了事，冷漠虚伪，无所作为。

到了第三天，他几乎要饿昏过去。可是一想到人世间的种种美好，便坚持了下来。第四天、第五天，他仍然在饥饿、孤独、极大的恐惧中反思过去，向往未来。

他责骂自己竟然忘记了母亲的生日；他遗憾妻子分娩之时未尽照料义务；他后悔听信流言与好友分道扬镳……他这才觉出需要他努力弥补的事情竟是那么多。可是，连他自己也不知道，他能不能挺过最后一关。此时，泪流满面的他发现：洞门开了。阳光照射进来，白云就在眼前，淡淡的花香，悦耳的鸟鸣，他又迎来了一个美好的人间。

青年扶着石壁蹒跚着走出山洞，脸上浮现出了一丝难得的笑容。五天来，他一直用心在说一句话，那就是：生命是上天赠与我们的礼物，活着才是幸福。

我们总是很容易被生活中的琐碎小事所淹没，总会在意那些繁杂的纠葛、苦痛、伤害、低迷等。我们总是埋怨自己的生活不够幸福，却总会忽略一切的一切仅仅是生活中小小的注脚而已，如果我们总是被这些小事所烦忧又怎会有时间体味幸福呢？

有时候我们因为没有明白上天的美意而常常抱怨，以为生活就是一种折磨。可是，当我们放下苦难的包袱，敲开自己的心扉，积极地对待生活中的每一天时，我们才发现，原来生活并非全是苦难，当我们细心品味的时候，就能发现幸福。

许多看似与快乐联系在一起的因素——财富、盛名和好运其实只是假象。研究人员发现，在富有的美国和欧洲，财富与乐观之间的相互联系微乎其微，事实上几乎没有联系，甚至连那些巨富也比普通人快乐不了多少。

真正的乐观心态，其实与外在无关，它更多的是源于内心，源于对自己的自我肯定。

"心境转移"，找寻你的快乐

乐观的心态可以成就一个人，悲观的心态可以毁灭一个人。我们不能成为悲观的奴隶，要成为乐观的勇者。在现实生活中，我们经常发现这样的现象，当我们碰到一件事情，如果我们充满乐观与热情，这个事情就会向好的方面发展。而一旦我们觉得悲观失望，尽往坏处想，事情也会越变越糟糕。

如果我们注意的话，一定可以发现在生活里常对你微笑的人很少会是你讨厌的人，而冷面相对的人肯定是你不喜欢的人。我们常说"将心比心"用在这儿就特别合适。仔细想想，你的日常生活里是不是常有这样的感受：一大早如果一个可爱的小孩子对你微笑，那这一早晨你的心情也就莫名其妙地好了起来。微笑的力量长期以来就存在我们的生活之中，而且我们也在毫不客气地享受着它带给我们的愉悦，只是我们常粗心地忽略了它的存在，忽略了微笑正是表现一个人乐观的最佳方式。

我们的每一天都是崭新的。睁开眼睛，开始新的生活，重新来看这个世界，是开心地过一天，还是悲观地过一天，这是我们自己的权利，可以自己决定。

一个人如果调整好了自己，不但可以轻松地做好自己的事业，而且可以去点燃、感染和激励别人。所以我们要学好的，说好的，做好的，鼓励别人看到事情好的一面，比如说有人丢了东西，你可以说"破财免灾"；失败了，你可以说"失败是成功之母，下次不用犯同样的错，你又多了一个成功的机会"。

我们在传达这样正面想法的时候，一定要对自己有信心，不要说我这个不行那个不好，我没有这个能力之类的话，因为，这本身就是一种悲观心态。其实，我们每一个人天生就是推销员，倾尽一生都在推销自己。积极与乐观，悲观与绝望，都可能成为我们手里的产品，我们选择怎样去推销这些产品，就等于是在为自己选择一个什么样的人生态度。如果你是积极乐观的，那么你销售的产品就是快乐，这份快乐不仅是属于你的，还可以感染、惠及更多的人。在这个世界上，有许多事情是我们所难以预料的。我们不能控制际遇，却可以掌握自己；我们无法预知未来，却可以把握现在；我们不知道自己的生命到底有多长，却可以调整自己的心情。只要活着，就有希望，只要每天给自己一个希望，我们的人生就一定不会失色。

有位医生素以医术高明享誉医务界，事业蒸蒸日上。但不幸的是，某一天他被诊断患有癌症。这对他真是当头一棒，他无法接受这个现实。明明自己是一个医术高明的医生，却对自己无能为力。为此，他曾一度情绪低落，痛苦地几乎无力自拔。

最终他不但接受了这个事实，而且他的心态也为之改变。他认为快乐是自己给的，一颗不快乐的心是不会看到任何希望的。如果自己都不想为自己争取，那么，一切都不会有转机的。

想开了的他，开始改变自己的心境，他变得更开朗、更宽容、更谦和，更懂得珍惜所拥有的一切。在勤奋工作之余，他从没有放弃与病魔搏斗。就这样，他平安度过了好几个年头，有人惊讶于他的事迹，就问他是什么神奇的力量在支撑着他。这位医生笑盈盈地答道：是希望，每一天睁开眼睛之后，我都给自己一个希望，希望我能多救治一个病人，希望我的笑容能温暖每个人，我让自己的心情从自身的病症上转移开，不去看那些让人不愉悦的事情，就这样，我在一天天变好。

让自己的心境在此转移，让它可以看到更多的希望。

每天给自己一个希望，就是给自己一个目标，给自己一点儿信心。希望是什么？是引爆生命潜能的导火索，是激发生命激情的催化剂。每天给自己一个希望，我们将活得生机勃勃、激昂澎湃，哪里还有时间去叹息、去悲哀，将生命浪费在一些无聊的小事上？生命是有限的，但希望是无限的，只要我们不忘每天给自己一个希望，我们就一定能够拥有一个丰富多彩的人生。

为自己的人生掌舵

一位著名的政治家曾经说过:"要想征服世界,首先要征服自己的悲观。"在人生中,悲观的情绪笼罩着生命中的各个阶段,青春时期更不可避免。战胜悲观的情绪,用开朗、乐观的情绪支配自己的生命就会发现生活有趣得多。悲观是一个幽灵,能征服自己的悲观情绪便能征服世界上的一切困难。人生中悲观的情绪不可能没有,重要的是我们要有击败它、征服它的决心。

战争时期,一位女士在庆祝盟军在北非获胜的那一天收到了国际部的一份电报。电报上说她最爱的小儿子死在战场上了。她无法接受这个事实,她决定放弃工作,远离家乡,把自己永远藏在孤独和眼泪之中。

正当她清理东西的时候忽然发现了一封早年的信,那是她的儿子在她母亲去世时写给她的。信上这样写道:亲爱的妈妈,我知道你会撑过去。我永远不会忘记你曾教导我时说过的话:不论在哪里,都要勇敢地面对生活。妈妈,我永远记着你的微笑,像男子汉那样,能够承受一切的微笑。

她把这封信读了一遍又一遍,似乎儿子就在她身边,一双炽热的眼睛望着她:你为什么不照你教导我的去做。

这位女士看完这封信之后,打消了辞职的念头,她一再对自己说:我应该把悲痛藏在微笑下面,继续生活,因为事情已经是这样了,我没有能力改变它,但我有能力继续生活下去。

人生在世不如意事常有八九,这是一种客观规律,不以人的意志为转移。倘若把不如意的事情看成是自己构想的一篇小说,或是一场戏剧,自己就是那部作品中的一个主角,心情就会变好许多。一味地沉浸在不如意的忧愁中,只能使不如意变得更不如意。"去留无意,闲看庭前花开花落；宠辱不惊，漫随天际云卷云舒。"既然悲观于事无补，那我们何不用乐观的态度来对待人生，守住乐观的心境呢？

用乐观的态度对待人生，可看到"青草池边处处花"，"百鸟枝头唱春山"，用悲观的态度对待人生，举目只是"黄梅时节家家雨"，低眉即听"风过芭蕉雨滴残"。譬如打开窗户看夜空，有的人看到的是星光璀璨，夜空明媚；有的人看到的是一片黑暗。一个心态乐观的人可在茫茫的夜空中读出星光的灿烂，增强自己对生活的自信，一个心态悲观的人让黑暗埋葬了自己且越葬越深。

用乐观的态度对待人生就要微笑着对待生活，微笑是乐观击败悲观的最有力武器。无论生命走到哪个地步，都不要忘记用自己的微笑看待一切。微笑着，生命才能征服纷至沓来的厄运；微笑着，生命才能将不利于自己的局面一点点打开。

守住乐观的心境实在不易，悲观在寻常的日子里随处可以找到，乐观则需要努力、需要智慧，才能使自己保持一种人生处处充满生机的心境。悲观使人生的路越走越窄，乐观使人生的路越走越宽，选择乐观的心态对待人生是一种机智。

跌倒了站起来，一直向前看

　　一个乐观的人，在任何环境中都可以找到生活的勇气、希望和阳光。只要有一颗乐观的心，只要保持着乐观的心态，无论生活的现实如何残酷，都不能把你击垮，反而会让你更加坚强。用这样一颗心去努力生活，生活中的阴霾很快便会过去，迎来灿烂而温暖的阳光。

　　在加拿大温哥华曾经有这样一个女人，她已经34岁了，过着平静、舒适的家庭生活。但是，灾难如同暴风雨一般不期而至，而且不断打击着女人脆弱的神经。丈夫在一次事故中丧生，留下两个小孩。没过多久，一个孩子被烤土司的油脂烫伤了脸，医生告诉她孩子脸上的伤疤终生难消，她为此伤透了心。为了支撑这个被灾难打击得支离破碎的家庭，她在一家小商店找了份工作，可没过多久，这家商店就关门倒闭了。丈夫给她留下一份小额保险，但是她耽误了最后一次保费的续交期，因此保险公司拒绝支付保费。

　　接踵而来的不幸，让女人近于绝望。她左思右想，为了自救，她决定再做一次努力，尽力拿到保险补偿。在此之前，她一直与保险公司的下级员工打交道。她想与经理当面进行交涉，但一位接待员告诉她经理出去了。她站在办公室门口等待经理回来，就在这时，接待员离开了办公桌，她毫不犹豫地走进里面的办公室，结果，看见经理独自一人坐在办公室里。经理很有礼貌地问候了她。她受到了鼓励，沉着镇静地讲述了索赔时碰到的难题。经理派人取来她的档案，经过再三思索，决定应当以德为先，给予赔偿，虽然从法律上讲公司没有承担赔偿的义务。工作人员按照经理的决定为她办了赔偿手续。

　　就如灾难突然来临一样，好运也突如其来地降临，而且似乎并不止一个。经理尚未结婚，对这位年轻女人一见倾心。他给她打了电话，几星期后，他为女人推荐了一位医生，医生为她的女儿治好了病，脸上的伤疤被清除干净；经理通过在一家大百货公司工作的朋友给女人安排了一份工作，这比以前那份工作好多了。女人也迎来了她生命的第二春，面对经理的殷殷情意，女人感动万分，并与之渐渐情投意合。几个月后，他们结为夫妻，而且婚姻生活相当美满。

其实，每个人一生下来面前就有一个坡，一路跌跌撞撞爬行着，总以为前面不远处就是幸福，当你爬到一个高点后，以为那就是幸福，可在命运的牵引下，你又向另一个高坡爬去，于是，总也无法把幸福握在手中，这就是人生。在人生的道路上，我们艰辛地行走，那沿途的酸甜苦辣，亲人的生离死别，都会刻进你有限的生命里。这世上不是缺少幸福，而是缺少感受幸福的心灵，当你学会用心去感受别人对你的爱，再用爱心去回馈社会时，在付出与收获的重叠中品尝到的滋味就是幸福。

因此，对于灾难，如果我们抱着平和之心，平常看待，总会出现转机。因为，我们要知道，一切事情都可以从头再来，只要我们还存在，所有的失败都只是暂时的，只要我们对自己有信心，敢于从跌倒的地方站起来，继续前行，就一定可以收获成功的鲜花和掌声。

改变悲观性格的方法

一杯剩有一半水的杯子放在你面前,你会怎么说呢?悲观者会说只有一半了,而乐观者会说还有一半。一个字的差别,表现出的却是不同的人生态度。"只"字让你留下的是绝望,其实事情本没那么糟,但是因为自己的悲观,让事情变得糟糕透了。而"还"字看出的是乐观者怀揣着的无尽希望,哪怕事情糟糕透了,乐观者也能够绝处逢生,造就成功。

玛丽的丈夫去上班了,她独自一个人在家。这时有人按门铃,玛丽习惯性地打开门,就在这一刻,她愣住了,因为她发现此人手里拿着一把刀,一看就是试图抢劫或者另有图谋的人。可是,门已经打开了,关门已经来不及了。

这时,玛丽并没有选择大呼小叫,也没有跟歹徒硬拼,她冷静下来,她告诉自己要把这个歹徒当做一个友好的人,就像是一个走错门的邻居,或者是推销人员。想到这里,玛丽突然灵机一动,然后,她温和地说道:"您一定是累了,请进来喝杯咖啡休息休息吧,我知道上门推销刀具是一件很难的事情。"

歹徒怎么也没有想到,这位美丽的女士竟然对自己这样友好,这样热情。他在玛丽的邀请下,喝了一杯咖啡,作为回报,他把那把刀送给了玛丽。

或许没有人会相信,玛丽的热心肠、朴实的话语和迷人的微笑感动了歹徒,并从此改变了歹徒的一生。

事情看起来似乎很简单,但如果玛丽在关键时刻没有那份乐观的心态,如果她把一切都想得太糟,本能地选择呼救,后果将不堪设想。可以说,是玛丽乐观的心态拯救了自己的生命,不仅如此,受到玛丽乐观心态的影响,那名走入邪道的歹徒也找到了真正的自己,他开始相信人生是美好的。

人生有时候就是如此的奇妙，悲观和乐观只是一念之差，却是遥如天堂和地狱的距离。

李白长叹：长风破浪会有时，只挂云帆济沧海；陆游乐道：山重水复疑无路，柳暗花明又一村……名人们用乐观的心态看未来，从不担心前方的路有多难，他们坚信成功属于自己。

有时，天晴着，心却在下着雨；又有时，天下着雨，心却是晴着。心晴的时候，雨也是晴，心下雨的时候，晴也是雨。这说明人不以物喜不以己悲，乐观的心态才是最重要的。

为什么说乐观的心态很重要，因为它让你在遇到挫折、面临困境时学会镇静，学会怎样继续前行。其实挫折、困境并不可怕，关键在于你选择怎样的方式去面对。

每天日月照样运行，白云照样浮游，野花照样开放。忧郁的心情让你一败涂地，乐观的心情却让你一步一步迈向成功。

用乐观的心态去奏响生命的篇章，不要抱怨上帝给予太多磨难。想想狂风暴雨之后才有彩虹；想想蚕要经历怎样的痛苦才能破茧成蝶。不要让悲观阻碍你前进的脚步，我们需要记住，梦想的大门是不会向悲观绝望的人敞开的，只要我们肯积极面对，从悲观的阴影中走出来，我们就一定可以寻找到实现梦想的有效方法。乐观地去面对吧，你会发现成功就在不远处。

第九章
秉承务实心态

务实是对自己的一种"诚信"

人最可怕的不是不知道，而是不知道自己有什么不知道，以为自己什么都懂。这样的人就永远不会进步，就像老爱欣赏自己脚印的人，只会在原地绕圈子，步上井底之蛙的后尘。

一次，苏格拉底的弟子聚在一块儿聊天，一位出身富有的学生，当着所有同学的面夸耀他家在雅典附近拥有一片广阔的田地。

当他在吹嘘的时候，一直在旁边不动声色的苏格拉底拿出一张地图说："麻烦你指给我看，亚细亚在哪里？"

"这一大片全是。"学生指着地图扬扬得意地说。

"很好！那么，希腊在哪里？"苏格拉底又问。

学生好不容易在地图上找出一小块来，但和亚细亚相比，实在是太微小了。

"雅典在哪儿？"苏格拉底又问。

"雅典，这就更小了，好像是在这儿。"学生指着一个小点儿说着。

最后，苏格拉底看着他说："现在，请你指给我看，你那块广阔的田地在哪里呢？"

学生满头大汗地找不到，他的田地在地图上连一丝影子也没有。他很尴尬地回答道："对不起，老师，我错了！"

那些自大的"井底之蛙"，对于世界的看法往往是局限而肤浅的，他们仅仅通过感觉、知觉、表象等不可靠的感性认知，对事物或形势进行表面性的判断，盲目地、自以为是地相信自己，最后的结果往往与预期的相去甚远，甚或截然相反。

自负是对自我的片面认识。他们缺乏自知之明，把自己的长处看得十分突出，对自己的能力评价过高，对别人的能力评价过低，自然产生自负心理。自负的人往往好大喜功，取得一点儿小小的成绩就认

第九章 秉承务实心态

为自己了不起，成功时完全归因于自己的主观努力，失败时则完全归咎于客观条件的不合作，过分地以自我为中心和自恋，让他们跳不出自己的"浅井"。这其实是一种自欺欺人的行为，是对自己的不诚实。

对自我都缺乏诚信的人，他的精神和心灵上是盲目的。要摆脱盲目的自负，跳出自己的"井底"，首先就要有务实的心态。也许你还未真正认识自己，接纳别人，但不同的背景将使你接纳许多不同的事物，试着改变自己，这样你就能更冷静地面对这个世界了。

接受批评是根治自负的最佳办法。自负者往往关闭他们的耳朵，拒绝别人的批评，这成为他们致命的弱点。接受别人的正确批评，就能够接受别人的正确观点，改变过去固执己见、唯我独尊的形象。

比尔·盖茨说："如果我们有了一点儿成功便觉得了不起，这是很不好的。但是假如在我们为自己的成功自鸣得意时，有一个人来教训我们一番，那我们就很幸运了。"

与人交往时，要平等相处。如果一味地把自己看成世界主宰者，无论在观念上还是行动上都无理地要求别人服从自己，就很难取得成功。平等相处就是要求自负者能够踏实下来，在人生之路上一步一个脚印，降低自己的身位与人平等交往。

认清自我，这是自负者最需要了解和办到的事情。要全面地认识自我，既要看到自己的优点和长处，又要看到自己的缺点和不足，不可一叶障目，不见泰山，抓住一点不放，未免失之偏颇。认识自我不能孤立地去评价，应该放在社会中去考察。每个人生活在世上都有自己的独到之处，都有他人所不及的地方，同时又有不如人的地方，与人比较不能总拿自己的长处去比别人的不足，把别人看得一无是处。

认清自我，要以发展的眼光看待自我。既要看到自己的过去，又要看到自己的现在和将来，辉煌的过去可能标志着你过去是个英雄，但它并不代表着现在，更不预示着将来。

跳出夸张的自我意识，不要让不切实际的想法遮蔽住自己的眼睛，用务实的心态面对自己、面对世界，给自己一份诚信，你就可以看得更高、走得更远。

空想就是漠视梦想

追求知识，喜欢思考，是一种很积极的态度。生活中，有很多这样的人，但是他们大多数喜欢钻进理论的象牙塔中，而忽略了外在世界的真实情景。殊不知，理论世界就好像一个迷宫一样，越是深入便越难找到出路，最后，他们发现与现实世界脱了节，根本不知道真实的世界是什么样子，只是搬弄一个架构或系统，将现实套在这些观念结构中，以思想代替现实，闭门造车，也就是他们花大量时间研究出来的成果成为了"空想"。

没有实际意义的想法，或者是只有想法而不付诸行动的人，都属于"空想主义者"。试想一下，如果没有工人的艰苦工作去使之实现，那么设计师的蓝图也不过是一张废纸而已。

多多是一个可爱的小姑娘，和她住在同一个村子里的王先生有一家水果店，主要出售本地产的水果。一天，王先生对正在玩耍的多多说："你想挣点钱吗？"

"当然想。"多多回答，"镇子上有一家卖洋装的服装店，我很喜欢里面那件粉色蕾丝边的裙子，可是我买不起。你如果能给我一份工作，我就能够攒钱去买下它了。"

"是这样啊，好吧，多多。"王先生说，"我承包了一片果园，现在正是果实成熟的时候，你来帮我摘苹果吧，每摘一个我就付你1角2分钱，你觉得怎么样？"

多多听了，想想可以这么轻松地赚到钱，非常高兴。于是她迅速跑回家，拿上一个篮子，准备马上就去摘苹果。

刚跑了没几步，她不由自主地想到，先算一下采30个苹果挣多少钱比较好。于是她拿出一支笔和一块小木板认真地算起来。"哇，可以赚3元6角。"

"如果100个的话,我就有12元了?"

"我如果能摘到200个,就有24元,天哪,我很快就可以买到那件粉色蕾丝边的裙子了!"

多多越想越高兴,小木板上慢慢就写满了数字。她把大量的时间都花费在这些计算上,不知不觉已经到了中午吃饭的时间,她只好提着空篮子回家,心想等到下午再来也不迟。

多多吃过午饭后,急急忙忙地拿起篮子向果园赶去。一进果园,多多就傻眼了。原来,果园里来了许多男孩子,他们已经把苹果摘得差不多了,可怜的多多最终只摘到了十几个苹果,多多懊悔极了。

只有行动才能赋予生命力量。多多就是一个典型的空想家的例子,她因为忙着思考、计算可能赚到的钱,而忽略了时间的流逝,也就错失了采摘苹果的好时机,她的财富梦想也就落了空。

一个人如果在一扇门外站得太久,就会在想象中无限放大房间内的困难,最后再也没有力气抬起敲门的手。事实上,最好的方法是推门就进,不给自己犹豫、彷徨的机会。一只鸟的翅膀再大,如果不努力振动,又怎能展翅高飞呢?一个人的才能再高,如果不努力拼搏,又怎能走向成功呢?一个国家的物产再丰富,如果不努力发展,又怎能屹立于世界民族之林呢?这一切都说明:行动胜于空想。

"行动"并不是一个抽象空洞的词语,它需要你用坚定的信念,顽强拼搏的精神与必胜的信心来实现。所以,我们及时将自己的财富梦想付诸行动,并为之去努力,才能赢取财富,取得最终的胜利。

不做好高骛远的人

为什么同样的环境和条件、差不多的基础，有的人业务进步明显，三两年就成了公司的骨干，有的人却频繁跳槽，应聘的工作单位一个接一个，能力也没有太大的提高？这其中的差别主要是在心态上。

真正的进取心要体现在脚踏实地上，离开了脚踏实地的精神，进取心就成了一句空话。只有务实的人才能够在成功的路上走得更远。一个人即便是名校 MBA 毕业，学识和能力都很强，如果不能够安于岗位，为企业创造价值，也很难在事业上有所成就。

1999 年 9 月，阿里巴巴网站建立起来了。马云立志要使之成为中小企业敲开财富之门的引路人。同年 10 月，阿里巴巴获得以高盛牵头提供的 500 万美元风险资金，马云立即着手的一件事情就是引进大量的外部人才。

马云对外宣称"创业人员只能够担任连长及以下的职位，团长级以上职位全部由 MBA 担任"。当时，在阿里巴巴 12 个人的高管团队成员中除了马云自己，全部都来自海外。接下来几年，阿里巴巴聘用了更多的 MBA，包括哈佛、斯坦福等学校的 MBA，还有国内知名大学毕业的 MBA。但是，后来这些 MBA 中 90% 以上都被马云开除了。

后来，谈及这次人才引进，马云认为，这批毕业于名校的 MBA 素质并不十分让人满意。很多 MBA 进了阿里巴巴之后，基础的礼节、专业精神、敬业精神都非常缺失，认为自己是精英、高级管理者，不肯虚下心来、脚踏实地，一进来就要求年薪至少 10 万元，一开口全是战略，往往讲的时候热血沸腾，但做的时候不知道从哪儿做起。

由此，马云总结出一个关于人才使用的理论：只有适合企业需要的才是真正的人才。他把当初引进 MBA 的事情做了一个比喻：就好比把飞机的引擎装在了拖拉机上，最终还是飞不起来。

企业引进人才是为了更好地发展，获得更大的效益，而不是为了装点门面。如果引进的 MBA 不能为企业带来效益，什么企业会欢迎这样的人呢？一个人无论有再大的才能和志向，只有脚踏实地才能够做出成绩来。对于那些不能够安下心来的高学历人才来说，显赫的学历反而成了成功路上的绊脚石。同等条件下，安静的人比浮躁的人在人生和事业上走得更远。

在黄先生的公司里，有两位很出色的员工：袁先生和高小姐，均被另外一家公司看上，想以高价挖走他们。袁先生看到对方提出的薪酬标准比黄先生的高，于是很快就递交了辞职信。黄先生对他说："你再考虑一下，那家公司很可能只是要利用你。"但袁先生没有听从黄先生的劝告，坚决地投奔了那家公司。

高小姐却拒绝了那家公司的高薪聘请，选择继续留在黄先生的公司，一直勤勤恳恳地工作。事情发展到后来，跳槽的袁先生果真如黄先生所料的那样，并没有得到重用。没过多长时间，当那家公司利用完袁先生以后，就把他"踢"出门外。

而选择留下的高小姐，已经是黄先生公司中国区的总裁了。

黄先生最后总结道："你来工作，并不是为了薪水这个目标，而是谋求将来的发展。那位袁先生看到的只是眼前的小利，而高小姐看得更长远，她选择的是发展，像这种员工就值得去栽培。虽然发展之路开始时可能很艰难，走到后面却是一条黄金之路。如果连路都是黄金铺成的，那还怕没钱吗？"

故事中的高小姐，面对竞争对手公司的高薪聘请，不为所动，仍能够安于岗位、脚踏实地，因此她取得了比袁先生更好的发展机会。

在我们的生活中，袁先生的例子并不少见，有些人很容易被一些眼前的利益所吸引，见异思迁，好高骛远，最终，只会落得事与愿违的下场。纵观古今中外，凡成大事业者，无一不是具备沉稳的性格，经得起诱惑，耐得住寂寞，无论在什么环境中都保得住操守，不忘记自己的方向。我们要有所成就，就要避免心浮气躁，一步一步踏踏实实地走出自己的成功之路。

本色生活，本色做人

每一个人刚走上社会都是满怀希望与抱负，然而一些人遭受多次挫折，经历艰难困苦之后，一颗原本质朴的心变了：变得吞吞吐吐，心灵歪曲了，抱负丧失了，最后变得窝囊了。

社会与环境可以影响人，所以每一个人要有独立的修养，不受外界环境影响，永远保持一颗光明磊落、纯洁质朴的心。这才是做人的最高修养。

著名作家沈从文可谓是一个没有学历而有学问的学者。他怀着梦想刚来到北京闯荡时，一边在北大做旁听生，一边阅读大量书籍，并与诸多大师结识，通过学习使自己不断成长。后来，他又带着一身泥土气息闯入十里洋场的上海，没过多长时间，他就以一手灵气飘逸的散文而震惊文坛。

1928年，时年26岁的沈从文被当时任中国公学校长的胡适聘为该校讲师。在此之前，沈从文以行云流水的文笔描写真实的情感，赢得了一大批读者，在文坛享有很高的声望，他给大学生讲课却是头一回。为了讲好第一堂课，他进行了认真准备，精心编定了讲义。尽管如此，第一天走上讲台，看见台下黑压压地坐满了学生，他心里仍不免发虚。

面对台下满堂坐着的莘莘学子，沈从文竟整整待了10分钟，一句话也说不出。后来开始讲课了，由于心情紧张，他只顾低着头念讲稿，事先设计在中间插讲的内容全都忘得一干二净。结果，原先准备的一堂课，10分钟就讲完了。接下来的几十分钟怎么打发？他心慌意乱，冷汗顺着脊背直淌。这样的尴尬场面，他以前还从来没有经历过。

虽然说当时的情景很尴尬，但是沈从文没有采取投机技巧利用天南地北地瞎扯来硬撑"面子"，而是老老实实拿起粉笔在黑板上写道："今天是我第一次上课，人很多，我害怕了！"于是，这一句老实可爱的坦言引起全体同学一阵善意的笑声……

胡适深知沈从文的学识、潜力和为人，在听说这次讲课的经过后，不仅没有批评，反而不失幽默地说："沈从文第一次上课就成功了！"后来，一位当时听过这堂课的学生在文章中写道，沈先生的坦率赤诚令人钦佩，这是有生以来听过的最有意义的一堂课。

此后，沈从文曾先后在西南联大师范学院和北大任教。正因为不是"科班"出身，他不墨守成规，而是以别开生面的言传身教的文学教育，获得了成功。而他那"成功"的第一课，则在学生之中不断流传，成为他率直人生的真实写照。

莎士比亚曾经说过，老老实实最能打动人心。一句"我害怕了"，袒露了一代文学巨匠的质朴内心，面对失败不敷衍、不做作、不逃避，能老实可爱地袒露内心的人，当然会得到别人的谅解。

质朴是这个世界的原始本色，没有一点儿功利色彩，就像花儿的绽放，树枝的摇曳，风儿的低鸣，蟋蟀的轻唱。它们听凭内心的召唤，是本性使然，没有特别的理由。

生活在世事纷扰的世界里，尔虞我诈让我们多了一些虚伪，钩心斗角让我们多了一些狡诈，世态炎凉让我们多了一些冷漠。人之所以苍老是由于受一切外界环境和自己情绪变化的影响，而保持一颗质朴的心，可以让生命永远保持健康，让生命永远保持青春。把自己归与自然，回归生活的原始本色。

成大事者先从小事做起

小事情做不好，大事情也不会成功。成功不一定是做大事，做好每一件小事，也是成功的基本要素。成功就是简单的事情重复做，只在持之以恒地坚持下去，成功就会走向你。

李丹刚进公司的时候只是负责收发传真的小妹，但是因为她做事情负责任，对小事也从来不马虎，所以即使半工半读她也得到了全公司同事的喜爱。

后来李丹修完所学课程，毕业后就留在这家公司上班，经过八年后，她成为这家公司的人事部门主管，公司也由原先不到 10 个人的小公司变成现在拥有 400 多名员工的大企业。

李丹常常鼓励公司的后辈，用自己的经历现身说法：她没有很高的学历，她只是要求自己，只要主管交代缮录的文件，一定不要有错字，她不只是把主管交代的事做完，更要把事情做好，不让主管烦心。

如今，李丹已经是公司领导层的元老，她之所以能有现在的成功，和她年轻时的努力是分不开的。正是由于她在小事上的自我要求，才改变了她的人生际遇。

卡菲瑞先生在回忆起比尔·盖茨小时候的故事时，曾写下这样一段文字：

1965 年，我在西雅图景岭学校图书馆担任管理员。一天，有同事推荐一个四年级学生来图书馆帮忙，并说这个孩子聪颖好学。不久，一个瘦小的男孩来了，我先给他讲了图书分类法，然后让他把已归还图书馆却放错了位的图书放回原处。小男孩问："像是当侦探吗？"我回答："那当然。"接着，男孩不遗余力在书架的迷宫中穿来插去，午休时，他已找出了 3 本放错地方的图书。第二天他来得更早，而且更不遗余力。干完一天的活后，他正式请求我让他担任图书管理员。又过

第九章　秉承务实心态

了两个星期,他突然邀请我上他家做客。吃晚餐时,孩子母亲告诉我他们要搬家了,搬到附近一个住宅区。孩子听说转校却担心起来:"我走了谁来整理那些站错队的书呢?"……

我一直记挂着这个孩子。结果没过多久,他又在我的图书馆门口出现了,并欣喜地告诉我,那边的图书馆不让学生干,妈妈把他转回我们这边来上学,由他爸爸用车接送。"如果爸爸不带我,我就走路来。"其实,我当时心里便应该有数,这小家伙决心如此坚定,又能为人着想,则天下无不可为之事。不过,我可没想到他会成为信息时代的天才、微软电脑公司大亨,美国巨富。

成功与否,和一个人的心态有着密不可分的关系,从上面这段文字中我们可以看出,许多伟大或杰出人物身上,总会或早或迟地显现出优于常人之处。比尔·盖茨对待图书馆工作这样的小事,就已经表现出一种超乎同龄人的责任心,难怪他能在信息时代叱咤风云。

毋庸置疑,想成就一番事业,必须从小的事情做起,从细微之处入手。暂且不去谈论影响比尔·盖茨成功的其他因素,单就他从小就显示出来的做事态度,我们就能窥见他获得人生成就的端倪。

生活中有很多人总觉得自己可以做一番惊天动地的大事业,那些细琐小事不应该去理会,而且连替自己开脱的理由也显得理直气壮,"成大事者不拘小节"。但是,这些人似乎忘记了一点,聚沙成塔、积水成渊,很多叱咤风云的人物,当年都是从简单小事开始做起的。而他们与我们所不同的只是面对小事的态度,在他们看来,他们所做的事并非小事。

在第二次世界大战中,有一条船在苏格兰附近沉没,沉没的原因是鱼雷袭击还是触礁,一直没有结论。罗斯福则认为触礁的可能性更大,为了支持这种立论,他滔滔不绝地背诵出当地海岸涨潮的具体高度以及礁石在水下的确切深度和位置。

这一行为令当时许多人暗中折服,罗斯福就是这样一个能够记得住每一件在我们看来都是小事的人。他曾经表演过这样的绝活:他叫客人在一张只有符号标志而没有说明文字的美国地图上随意画一条线,他能够按顺序说出这条线上有哪几个县。

作为政治领袖，他获得广大人民的尊重，人们坚信，这样一位对小事都如此关注的人，必定是一个能时刻将民众和国家的利益装在心里的人。人们可能不会去关心一个国家未来发展的宏伟规划，但他们会注意到一个国家代言人是否在细节和小事上下功夫。试想，总统连全国每个县的县名和地理位置乃至白宫草坪上的蟋蟀都注意到了，还有什么东西会落在总统的视野之外呢？

古语有云：不积小流，无以成江海；不积跬步，无以至千里。从中我们明白到，成功源于小事的积累，小事不小，需要我们高度重视。

做好小事是获得成功的基础。人不可以一步登天，再高的大厦，也是由一块块小砖头累砌而成的；再大的伟业也是从一点一滴的小事做起的，只有把小事做好了，才有可能做成大事。

第九章 秉承务实心态

脚踏实地，实现自我价值

冰心曾说："成功之花，人们只惊羡于它现时的明艳，然而当初它的芽儿，浇灌了奋斗的泪泉，撒遍了牺牲的血雨。"这看似简单的一句话，却凝聚了很深刻的哲学道理。

李白有诗云："十年磨一剑。"在这个物欲横流的社会，市场经济冲击下的人们大都急功近利，总幻想着不劳而获或者少劳多获，殊不知这种心态的危害是很大的，它不仅会阻碍人们的成功，更甚至会为此付出惨重的代价。

每个人都想做一个成功的人、优秀的人，只不过在近利的引诱下，我们失去了忍耐的性子。成功是要讲究储备的，人生储备的东西越充足，成功的机会就越大。成功的道路，往往是漫长而遥远的。我们如果没有足够的储备，只会在途中让自己的理想夭折；只有足够的储备，我们才能在路上随取随用，供给我们不断发展的需求。而这里的储备就是脚踏实地积累下来各种资源。

大学毕业后，林洁被分配到一个偏远的林区小镇当教师，工资低得可怜。林洁自身有很多优点，教学基本功不错，还擅长写作。于是，林洁一边抱怨命运不公，一边羡慕那些拥有一份体面的工作，拿着优厚薪水的同窗。这样一来，她不仅失去了工作的热情，而且对写作也丧失了原本的兴趣。林洁整天琢磨着"跳槽"，幻想能有机会调到一个好的工作环境，也拿一份优厚的报酬。

两年时间就这样匆匆过去了，林洁的本职工作干得一塌糊涂，写作上也没有什么收获。这期间，林洁试着联系了几个自己喜欢的单位，但最终没有一个接纳她。

而真正改变林洁命运的是一件微不足道的小事。

那天学校开运动会，这在文化活动极其贫乏的小镇，无疑是件大事，因而前来观看的人特别多。小小的操场四周很快围出一道密不透风的环形人墙。

林洁来晚了，站在人墙后面，踮起脚也看不到里面热闹的情景。这时，身边一个很矮的小男孩吸引了她的视线。

小男孩为了能看到比赛，一趟趟地从不远处搬来砖头，面对着前面厚厚的人墙，小男孩丝毫没有泄气的表现，他耐心地垒着一个台子，一层又一层，足有半米高。林洁不知道他垒这个台子花了多长时间，不知道他因此少看到多少精彩的比赛，但当他登上那个自己垒起的台子时，他冲着林洁开心地笑了，那份笑容里，装满了成功的喜悦和自豪。

刹那间，林洁的心被震了一下，多么简单的事情啊：要想越过密密的人墙看到精彩的比赛，只要在脚下多垫些砖头就可以了。

从此以后，林洁满怀激情地投入到工作中去，踏踏实实，一步一个脚印。很快，她成了远近闻名的教学能手，编辑的各类教材接连出版，各种令人羡慕的荣誉纷纷落到她的头上。业余时间，林洁也笔耕不辍，各类文学作品频繁地见诸报刊，成了多家报刊的特约撰稿人。如今，林洁已被调到自己颇为喜欢的中专学校任职。

很多时候，我们也像林洁一样，认为自己有很多优势，却总是"大材小用"，其实，只要把心态放好，你就会对生活少一些抱怨，就会发现自己其实还有很多不足，需要在脚下多"垫些砖"。

大文豪苏轼曾经说过："博观而约取，厚积而薄发。"积之于厚，发之于薄。

身处社会，任何人成功都没有捷径可言，却可以拥有轻松的心态，这样我们就可以增加搏击的勇气。厚积薄发，从低处着眼，积蓄力量，逆风飞扬。只有我们积累了足够的成功要素，才能拥有取之不竭的成功储备，为我们的成功之路铺垫基石，脚踏实地迈向我们的成功人生。

第十章
把握掌控心态

掌控，是一门生存艺术

"我是自己命运的主宰，我是自己灵魂的领导。"这句诗告诉我们：因为我们是自己态度的主宰，所以自然也变成了命运的主宰。态度会决定我们将来的机遇，这是行之四海而皆准的定律。这句诗也强调，无论态度是破坏性的或建设性的，这个规律都会完全应验。

所以，一个人如果能掌控自己的心态，那么他的人生也将是通达的。

运用PMA（积极心态）黄金定律，我们会把心中的各种念头和态度变为事实，同样地能把富裕或贫穷的思想都变成事实。"美国联合保险公司"业务部有个人叫艾尔·艾伦，他一心想成为公司里的王牌推销员。他把自己读过的励志书籍和杂志中所介绍的PMA原理拿来应用。在一本名为"成功无限"的杂志里，他读到一篇题为《化不满为灵感》的社论，没过多久，他就有了一个应用的机会。

一个寒风刺骨的冬天，艾尔在威斯康星市区里冒着严寒沿着一家家商店拉保险，结果一个也没有拉成。他当然非常不满意，但他的PMA把不满转变成"灵感"。他突然想起自己读过的那篇社论，就决心一试。

第二天从办事处出发前，他把自己前一天的失败告诉其他推销员。他说：等着看好了，今天我要再去拜访那些客户，并且卖出比你们更多的保险。

说也奇怪，艾尔真办到了。他回到原来的市区里再度拜访每一个他前一天谈过话的人，结果他一共卖出66个新的意外保险。

把隐形护身符翻过来，不用消极的那一面，而使用具有积极威力的这一面，是许多杰出人士的共同特征。大多数人都以为成功是透过自己没有的优点而突然降临的，或是我们拥有这些优点，却视而不见。

其实最明显的往往最不容易看见，每一个人的优点正是自己的 PMA，一点儿也不神秘。

积极的心态是正确的心态，正确的心态是由"正面"的特征所组成的。比如信心、诚实、希望、乐观、勇气、进取、慷慨、容忍、机智、诚恳与丰富的常识等都是正面的。至于消极的心态它的特性都是反面的，是悲观、颓废的、不正确的心理态度。如果我们可以掌控对我们的成功有积极作用的一面，我的人生就有了成功的基石。

拿破仑·希尔在研究成功人士多年以后，终于下了一个结论，认为积极的心态正是他们共有的一个简单的秘密：你认为你行，你就行。

拿破仑·希尔讲过这样一个故事：

一个星期六的早晨，一个牧师正在为讲道词伤脑筋，他的太太出去买东西了，外面下着雨；小儿子又烦躁不安，无事可做。后来他随手拿起一本旧杂志，顺手一翻，看到一张色彩鲜艳的巨幅图画，那是一张世界地图。他于是把这一页撕下来，把它撕成小片，丢到客厅地板上说："强尼，你把它拼起来，我就给你两毛五分钱。"牧师说完就回到了书房，他心想这样儿子至少会忙上半天，看来自己可以清净一下了。

谁知不到 10 分钟，他书房就响起敲门声，原来是他的儿子已经把地图排好了。牧师简直要惊呆了，他怎么也没有想到强尼居然只用了不到 10 分钟的时间就拼好了。牧师看着地上的那张地图，每一片纸头都整整齐齐地排在一起，完全恢复了原状。

"儿子啊，怎么这么快就拼好啦？"牧师问。强尼说："很简单呀！这张地图的背面有一个人的图画。我先把一张纸放在下面，把人的图画放在上面拼起来，再放一张纸在拼好的图上面，然后翻过来就好了。我想，假使人拼得对，地图也该拼得对才是。"牧师忍不住笑起来，给他一个两毛五的镍币，"你把明天讲道的题目也给了我了。"他说。假使一个人是对的，他的世界也是对的。

这个故事意义非常深刻：如果你不满意自己的环境，想力求改变，则首先应该改变自己。即"如果你是对的则你的世界也是对的"。你是自己的设计师，成龙、成虫全在自己。被别人设定，并且照着别人的设定去做的人,他的生命注定只能平淡无奇,碌碌无为。只有对自己的生命充满激情和幻想的人,才会不断地超越自己,达到一个又一个高峰,人生才会因此而绚丽多彩,跌宕多姿。假如你能掌控自己的心态,并且很好地利用积极心态所具有的巨大能量,那么,你四周所有的问题就会迎刃而解。

不能操之在我，你将受制于人

弗兰克是一位犹太裔心理学家，第二次世界大战期间，他被关押在纳粹集中营里受尽了折磨。父母、妻子和兄弟都死于纳粹之手，唯一的亲人是他的妹妹。当时，他常常遭受严刑拷打，随时面临着死亡的威胁。

有一天，他突然悟出了一个道理："就客观环境而言，我受制于人，没有任何自由；可是，我的自我意识是独立的，我可以自由地决定外界刺激对自己的影响程度。"弗兰克发现，在外界刺激和自己的反应之间，他完全有选择如何作出反应的自由与能力。于是，他靠着各种各样的记忆、想象与期盼不断地充实自己的生活和心灵。他学会了心理调控，不断磨炼自己的意志，其自由的心灵早已超越了纳粹的禁锢。

这种精神状态感召了其他囚犯，他协助狱友在苦难中找到生命的意义，找回自己的尊严。弗兰克后来这样写道："每个人都有自己特殊的工作和使命，他人是无法取代的。生命只有一次，不可重复，实现人生目标的机会也只有一次。然而，最可贵的是，一个人可以自由地选择自己的思想，无论是身陷囹圄，还是行将就木，他都能够按照自己的意志自由地决定外界对自己产生的影响。"

在生命中最痛苦、最危难的时刻，在精神将崩溃的临界点，弗兰克靠自己的顿悟和心理调控，不但挽救了自己，而且挽救了许多与他患难与共的人。

很遗憾的是，现在有很多二十几岁的年轻人，他们健康、拥有大把的时间和机会、不受任何暴力的控制、享有自由和尊严，却总是感到不满足或者感到无力。很多人希望自己能在人生的起步阶段遇到贵人，但是谁能保证这个贵人就一定会出现在你的眼前呢？

命运由自己来决定，生命属于你自己，也需要你自己来负责。

一只鹰蛋从鹰巢里滚落了出来，掉在草堆里。有个人发现了他，以为是一只鸡蛋，就把他拿回家去放在了鸡窝里。鸡窝里有一只母鸡正在孵蛋，他和其他的鸡蛋一样，被孵化了出来。

于是，他从小就被当作一只小鸡，过着鸡一样的生活。由于长相古怪，许多伙伴都欺负他他感到孤独和痛苦。

有一天，他跟着鸡群在稻场上啄谷子。忽然，山那边一道黑影飞掠了过来，鸡群惊慌失措，到处躲藏。等到危机过去，大伙儿才松了一口气。

"刚才那是一只什么鸟啊？"他问。

他的伙伴告诉他："那是一只鹰，翱翔于蓝天的鹰。"

"喔，那只鹰真是了不起，飞得那样潇洒！"他羡慕不已，"如果有一天，我也能像鹰一样飞起来，那该多好！"

"简直是痴心妄想！"他的伙伴毫不留情地训斥他说："你生来就是一只鸡，甚至连鸡们都为你的丑陋感到丢脸，你怎么可能像鹰一样飞呢？"

人生来就是那只落在鸡窝里的鹰蛋，只不过人们往往会被周围的环境所同化，认为自己的命运本该如此。世上没有什么事是注定不能改变的，如果我们不能做自己的主人，那么，必定会被他人所左右。

我们要相信，在这个世界上，没有谁可以真正意义上去操纵别人，除非那个人本身就没有掌控自我的能力。

掌控全局，逆境中也能收获转机

人之上以人为人，是不变的真理，而人之下以己为人，也是不得不知的为人智慧。因为有些时候，居人之下，我为鱼肉，人为刀俎时，则需要以小事大的智慧，否则就会自身难保。

隋炀帝是中国历史上有名的暴君，他统治时期，骄奢淫逸，民不聊生。各地农民起义风起云涌，隋朝的许多官员也纷纷倒戈，转向农民起义军。因此，隋炀帝对朝中大臣们处处防范，疑心很重，尤其对外藩重臣更是顾虑重重。

当时唐国公李渊曾多次担任地方官，每到一处，都悉心结纳当地的英雄豪杰，多方树立恩德，因而声望很高，许多人都前来归附。因此，大家都替他担心，怕遭到隋炀帝的猜忌。正在这时，隋炀帝下诏让李渊到他的行宫去晋见。李渊因病未能前往，隋炀帝很不高兴，猜疑之心顿起。

当时，李渊的外甥女王氏是隋炀帝的妃子，隋炀帝向她问起李渊未来晋见的原因，王氏如实回答，隋炀帝又问道："会死吗？"王氏把这个消息传给了李渊，李渊更加谨慎起来。他知道自己迟早会为隋炀帝所不容，但过早起事又力量不足，只好继续隐忍，等待时机。于是，他故意广纳贿赂，败坏自己的名声，整天沉湎于声色犬马之中，而且大肆张扬。隋炀帝听说了李渊的所作所为后，就放松了对他的警惕。不料隋炀帝的这一放松却成就了日后的大唐帝国。

李渊通过隐忍，从而达到了保全自己的目的，正所谓"尺蠖之曲，以求伸也，龙蛇之蛰，以求存也"。

生活中有不少人难忍一时之气，从而与人起了正面冲突，"伤敌一千，自损八百"，最后是两败俱伤。这又何苦呢？毕竟牺牲是一时的，保全却是一世的。牺牲是爆发，保全是维持。牺牲是激情，保全是平淡。从某种程度上讲保全也许也是一种牺牲，牺牲狂热，牺牲内心深处的原始冲动，只是用最小的牺牲来求得更多的平和与幸福，孰轻孰重，我们内心都有一个权衡。

所以，无论我们面临多大的挑战，都不要退缩，要鼓起勇气去面对。并告诉自己，我一定能行的！做自己命运的主人，只要你善于挖掘自己的潜能，从自己身上找出路，就能逆转命运，就有力量和勇气解决面临的困难。人只有在掌握自己命运的同时，才能有能力掌控眼前的局势。通常情况下，影响我们人生的既不是环境，也不是遭遇，而是持有什么样的心态。心态可以给人以成功的动力，也可以造成破坏力，这要看是从哪个角度去看待问题。积极的心态使人克服逆境，继续向前迈进；消极的心态则使人沮丧，无法振作，而就此毁掉自己的一生。

一个没有目标的人，就像一艘没有舵的船。只有根据自己的特长来设计未来，并确定自己的发展方向，才能在某个领域里获得成功。

好心态决定好命运。当你以良好的心态看待这个世界，利用时间充实自我，用足够的能力去掌控全局，你的世界就永远是万米阳光灿烂。人生就是如此玄妙，人上人下之间也存在为人处世的大智慧，需要好好琢磨，认真对待。

尊重他人，也是一种掌控技巧

尊重他人，是人生必不可少的基本素质，是对他人人格与价值的充分肯定，其中含有赏识的成分。如果一个人感受到了你的尊重，他就会很容易对你产生好感，对你自然而然地就多了一份信任。

孟子有云："爱人者，人恒爱之；敬人者，人恒敬之。"强调了尊重他人的重要性。一个人在与别人交往中，如果能很好地理解别人、尊重别人，那么他一定会得到别人百倍的理解和尊重。尊重，就像"一个善解人意的小姑娘，她透明的微笑叫理解，她淳朴的心灵叫高尚；尊重又像一位德高望重的学者，饱含待人处世的智慧，尽显人格操守的高贵！"

人与人之间的互相尊重，可以让人开心，使人奋进，助人成功。尊重，是一种理解与宽容。与人相交，求同存异，学会移形易位换位思考。千人千面，我们不能够要求所有的人都按照同样的方式活着。与人交往，你可以有所选择，却不要想着去改变一个人。豁达大度，是人际交往中的积极因素。所以，懂得尊重他人是高情商的体现，它能够在潜移默化中去影响一个人。

美国一家名为柯林斯的公司，专门生产通信、电子领域的高科技产品。创业初期，举步维艰，在产品研发过程中时常碰到难以解决的技术难题。有一次，公司的研发部门被一个技术问题困了两个星期，所有的人都为此感到焦急。公司老板给技术研发部门如此训话：如果这样下去，公司的生存就会成为大问题。

一天晚上，正当公司老板还在为此大伤脑筋的时候，产品研发部的一位技术人员急急忙忙地闯进他的办公室，大声喊道："我找到解决办法了！"老板一跃而起，听完这位技术人员的阐述后，豁然开朗，并立即决定给予这名员工嘉奖。

可是，嘉奖什么呢？他在办公室找了半天，只找到了午餐时剩下的一个苹果。他激动地、毕恭毕敬地把这个苹果送给了这名员工，真诚地说："您辛苦了，请休息一下！"尽管这个奖品极其平常，但这个员工深受感动，他觉得自己的努力得到了足够的尊重。

这个事情在公司内部传开后，所有的员工都受到鼓舞，工作积极性和主动性得到了彻底激发。由于不断推出科技含量很高的新产品，该公司成为当年美国最受行业关注的"后起之秀"之一。

在一个团队中，领导者能够适时对员工的成绩给予赞赏，往往能进一步激发员工的奋斗精神，让员工更有动力更有有自发意愿的去完成领导交给的任务。

由此可见，尊重他人在社交中所占有的重要地位。

给与他人应有的尊重，是掌控他人的一种高超技巧，要明白，掌控他人的最高境界，就是让他人心甘情愿地被你影响，并且尽心尽力地完成你交派的事情。

人的地位有高低之分，但无人格贵贱之别，只有灵魂高度上的差别，只有道德品质高下之别。任何人不可能尽善尽美，我们没有理由以高山仰止的目光去审视别人，也没有资格用不屑一顾的神情去嘲笑他人。假如别人某些方面不如自己，我们不要用傲慢和不敬的话去伤害别人的自尊；假如自己某些方面不如别人，我们也不必以自卑或嫉妒去代替应有的尊重。一个真心懂得尊重别人的人，一定能赢得别人的尊重，并且能够让他人情愿受你影响。

学会掌控自我

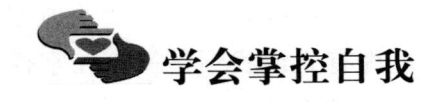

生活中我们总是很难控制自己的一些行为和思想欲望，究竟是生活的诱惑太多还是我们的自制能力太差呢？

社会的浮华不是我们个人能改变的，既然我们无力左右社会的发展形态，那么我们只能从自身的改变来解决这个问题。

如何解决呢？首要就是加强自我管理、学会掌控自我，因为只有这样，才可以达到我们的目的。

其实自我管理是门科学，我们可以通过学习和实践来改善自我的管理，以更好地掌控自我。

如果你无法决定自己的智商，但是你可以把握自己思考问题的深度和努力程度。

詹姆斯读中学时，他对自己的学业和前途漠不关心。在申请读大学时，他差点儿没被录取。早期的智商测试显示，詹姆斯只有普通人的智商。

但是在读大学的时候，詹姆斯受到了一位教授的鼓舞，他开始明白，虽然无法控制由自身基因决定的智商，但是他可以控制自己的学习时间和努力程度。于是，他选修了一门学习技巧方面的课程，朋友们外出聚会的时候，他却将自己关在房间里刻苦攻读。

詹姆斯选择"笨鸟先飞"的方式，虽然他无法选择天分的高低，但他可以掌控自己的现在，并为此付出努力。就这样，到毕业的时候，他的平均成绩比自己预想的好很多。

入选《财富》杂志"百强"的一家公司里的一位招募人员在了解到詹姆斯学业出众的原因后，认为詹姆斯出众的责任感和积极的态度本身就是一笔巨大的财富，他坚信这种人一旦进入他们公司，也必定能为公司创造出更多的财富。

如今，詹姆斯已经在这家"百强"公司上班，并且即将升任高级主管。

詹姆斯的成功就是一个很好的例子。人不能改变的东西有很多，但是我们可以从自身出发，寻找自身可以变的地方，已达到和获得成功相契合的着重点。也许有人说我不是一直在掌控自我吗？问题是你真的掌控好自己了吗？面对欲望的诱惑你坚定自己的信念还是沦落了呢？

很多人因不能主导自己的生活而深感痛苦。你该如何应对这一问题呢？首先，你要专注于所有你能控制的事情。这样一来，你就可以控制自己的生活，开始主导自己的生活，而不是让生活成为你的主宰。

比如说，你无法决定自己的长相，因为相貌主要取决于基因的影响，但是你可以改变自己的形象；你无法决定自己在某个领域的天赋，但是你可以决定自己在发挥这方面天赋时所付出努力的多少。

在当今的复杂世界，就解决问题而言，很少有彻底解决问题的方案。通常没有什么千篇一律的答案，而是需要许多不同背景的人、不同团体共同努力来提供各种不同的答案。

请记住：发现问题很简单，任何人都可以做到这一点。实际上，仅仅提出问题却不加以解决，其实就是抱怨。解决问题则要难得多，它需要发挥影响力。而多数人都是宁可抱怨而不愿为解决问题付出努力。令多数人懊丧的是，有些事情他们本该做到却没有付诸实践，而不是懊悔有些事不该做。如果不按照内心的想法行事，那么你将会付出长期的代价。

第十一章
培养空杯心态

懂得"空杯"的艺术

空杯,是为自我设立的一个原点,不论成功与失败,都理智而冷静地站在这个原点审视自我,找到不足,然后不断完善自我。要想达到空杯心态,首先就要学会内省。因为通过内省,人们可以谦虚客观地面对自己,达到空杯状态。

记住一句话:清空过去,才能装下未来。

在现实生活中,有很多人像知了一样自以为是,结果到了最后只有感叹"迟了"。自满者总是认为自己的能力很高,不能虚下心弯下腰,这种故步自封的做法,只会让自己走向退步,离成功越来越远。

不少人会有这样的想法:自己学过的东西是不会消失的,只要有它们,就不愁吃不到饭。但在进步的社会中,不及时刷新你的知识,是很容易贬值的。古语常说"谦虚使人进步",谦就是一种礼貌,一种礼节上的心态,这种心态就是一种空杯心态,只有把自己的过去清空,才能有空余重新去学习。

人的生存环境不同,立场角度各异,同样的事例故事,讲述的角度不同,对别人来说可能是有道理的,对你却显得荒谬。如此,在我们没有明晰一种观点所体现的立场、生存环境、角度、寓意,请先行接纳,然后理性反思剔除。自以为是的害处只能导致盲目自大,尔后自欺,然后欺人。

一个已经装满了水的杯子是难以再装别的东西了,人心也是如此。

生活比我们所感受的要广阔得多,还有很多新的体验等待我们探索,很多新的深度等待我们探测,很多更好的东西等待我们品尝。

遗憾的是:很多人总是看不到这一点,或者小得即喜,不去进一

第十一章 培养空杯心态

步开拓，或者认定现有的状况就是永远的状况，即使一点儿也不满意，也甘于"认命"，这样的人生，不要说对盛宴毫无感觉，甚至一道好菜也品尝不到。

但是，拥有"空杯心态"的人不一样，他们不仅能够创造并享受到人生的盛宴，而且会不断提升事业和人生的境界。

美国的"开国之父"华盛顿就向我们展示了"空杯心态"的至高境界。

1871年，在华盛顿的率领下，美国军民取得了独立战争的胜利，美国宣称独立。但是在建国之初，开国元勋们面临异常严峻的一系列政治、经济等问题，特别是通货膨胀无法控制。

一位名叫刘易斯·尼可拉的上校感到前途渺茫，便向华盛顿上书，劝他在军队的支持下夺取政权，自封为国王或独裁者，成立一个有能力偿付财政支出的坚强政府。华盛顿非常严肃地给他回了一封信，拒绝了他的建议。

后来，华盛顿成为美国独立后的第一任总统。当他完全有可能无限延长任期，继续当总统的时候，他却坚决要求退位。

从此，美国基本保留了总统不超过两任、每任不超过四年的传统，保证了民主政治的实施。

纵观历史，久恋权位的人比比皆是，如中国近代的袁世凯，本来中国已经开始建立了"中华民国"的新体制，但他还想自己当皇帝，上演了一出复辟的闹剧，最后身败名裂。

华盛顿却不一样，照当时的具体情况，当上国王、让自己担任总统的任期延长都是很有可能的，他却选择了急流勇退。也正是这种敢于放下权力的"空杯心态"，升华了华盛顿的人生境界。

人们生来是站在同一条起跑线上的，可为什么所到达的目的地不同，所达到的高度也不同？为什么有的功成名就，有的却一事无成？追根究底，最根本的原因在于，前者总是会给自己"留一些空余"来虚心接纳自身缺乏的东西，后者却自我满足、自以为是，最终故步自封，自己淘汰了自己。

人生旅行，就是汲取各种养分、滋养生命的过程。如果我们带太多的自满上路,就像那个装满水的杯子,再也容不得半点儿水进入,这将是人生最大的悲哀。在人生的旅途中,每一个即将上路或已在路上的年轻人,一定要牢记,不论什么时候,都要给自己留一些"空杯子",虚心求教。学无止境,心有空余,才能装物。

第十一章 培养空杯心态

"空杯"是自我反省的过程

有了空杯心态,我们才能更清醒地看清自己。孔子的门生曾说:"吾日三省吾身,为人谋而不忠乎?与朋友交不信乎?传不习乎?"只有进行自省,才能了解自己,对自己进行正确的认知和评价。也只有这样,才能扬长避短,驾驭情绪,让自己的人生道路少些坎坷、多些收获。中外历史上许多杰出的人物都曾进行深入、细致、全面的自我分析。

一个人,如果不能自省,就不会正确认识自我,或自高自大,目空一切;或自暴自弃,妄自菲薄。这对一个人的生存与发展极为不利,对他的学习、工作和生活也有很大的妨碍。一个人如若自高自大,就会使自己的发展停滞不前,甚至后退;若自暴自弃,则永远失败。心理学家的研究表明,如果因为错误地评价自己而使自己的潜能得不到充分发挥,埋没了自己,那么就会处于自卑感和失败感控制之下,长此以往,就会变得胆小、退缩,形成消极的情绪和性格,最终导致心理疾病。所以,要使心态空杯,必须学会内省。

我们常说"成功源于自我分析""失败是成功之母""检讨是成功之父",都是在说明一件事:自我反省、自我分析、自我检讨,这与成功有莫大的关系。

人非圣贤,孰能无过。人生允许出现错误,但不能在同一个地方摔倒两次,人的一生如果充满着重复的错误,那么他的结果就无法正确。犯错不可怕,可怕的是不知道错在哪里。

空杯心态是成功道路上必备的一种心态,而一个成功的人往往是一个懂得自我反省、懂得自我分析的人。

自我反省能让自己知道明天应该做什么,应该如何去做,可以让自己不再盲目地生活。

在反省自身的生活时，不仅要看到正面，还要看到反面，也就是说，既看到成功也看到失败。失败往往是比成功更好的老师，从失败中，我们可以意识到自身的缺失，获取成功的信息，我们既要能享受成功的喜悦，又要能承受失败的痛苦。

从失败中求得成功，从错误中发现正确是我们认识事物的途径之一。毫无疑问，在生活中出现错误也不是毫无用处、毫无价值的。假若在过去的10年做错了某些事，经由自我反省，就不会让它们再次出现在下一个10年中。

人不可能十全十美，总有个性上的缺陷、智慧上的不足，而年轻人更缺乏社会历练，因此常会说错话、做错事、得罪人。可是现实生活中，很多人是只说好话，看到你做错事、说错话、得罪人也故意不说。所以，人必须要懂得不断反省和总结自己，改正自己的错误，才不会老在原地打转或再次被同一块石头绊倒。人只有通过反省，时时检讨自己，才可以走出失败的怪圈，走向成功的彼岸。

海涅说得好："反省是一面镜子，它能将我们的错误清清楚楚地照出来，使我们有改正的机会。"

那么，怎样来反省自己呢？

首先，要学会自知。若要了解自己行为的得失，则必须用"自知"的镜子来自照。反省如同一面明镜，在反省的明镜中，自己的本来面目将显现无余。一个人眼睛不要总是盯着别人，重要的是要先从反省中认识自己，从自知的镜子中了解自己的真面目。

其次，要知过能改。一个人有过错不要紧，只要能改过就好，如果有过错而不肯改，这就是大过，真正的过错。有些人犯了错，却不肯承认，因为他怕因此而失了面子。如果能够消除傲慢的习气，就会生出悔过自新的勇气来。时常反省自己的过失，发现了错误，就要及时改正。比如，害了盲肠炎的病人，就要把那段肠割掉，以除后患。一个人有了过失，也要用反省、忏悔的快刀把它切除。

有了过错，如果不反省，就会让错误循环下去。若能及时反省自己，知道犯错的缘由，随即改正过来，那么，以后就不会再有类似的过错。英国有句谚语——"不要为打翻的牛奶而哭泣"，意思就是：为已经无可挽留的损失哭泣只会浪费你的好心情。聪明的人会反省错误，吸取教训，然后坚毅地忘掉不幸，从零开始，以更大的劲头、更热忱的心态去弥补损失，而不是过多地自责。

顺境之中主动"空杯"

比尔·盖茨在《未来之路》中写道:"成功是一个讨厌的教员,它诱使聪明人认为他们不会失败,它不是一位引导我们走向未来的可靠的向导。"

张瑞敏认为:"最难的是成功了再成功一次,因为第二次做的时候往往会用第一次成功的思维方式去处理,容易被第一次成功的思维方式所束缚。"

成功,很多时候像是一株剧毒的罂粟,麻痹成功者的斗志和毅力,让成功背后蒙上一层失败的阴影。因此,当我们赞美成功,为成功鼓掌喝彩的同时,也必须时时警惕成功背后所隐藏的危机,否则,在成功面前得意忘形,就会为自己的失败埋下隐患。被成功冲昏头脑、独断专行的福特汽车公司创始人老福特便是最典型的一个例子。

他16岁闯天下,依靠杰出的管理专家和机械专家,使福特公司成为世界上最大的汽车公司。老福特面对成功后的荣誉忘乎所以,以为一切都是自己的功劳,逐渐听不进别人的意见,使一批英才纷纷离去,公司每况愈下,濒临破产。

在危难之中,老福特的儿子小福特接过了烂摊子,他礼贤下士,励精图治,聘请了一批管理精英,重整旗鼓,使公司起死回生,公司达到了新的高峰。但历史再次重演,小福特重蹈覆辙,刚愎自用,把自己看作是公司内至高无上的皇帝,搞得公司内人人自危。20世纪80年代初,小福特不得不交出大权,并被公司除名。

这个故事令人感叹,无论是老福特还是小福特,他们赢在了起点,却输在了终点。已有的成绩和功业并不是奋斗的终点,而是更进一层努力的起点。他们都没有认识到这一点,结果便让自己的功业中途夭折。

第十一章　培养空杯心态

自我欣赏、自我陶醉、自我满足、自我夸耀、故步自封，这些都是成功者在成功之后所产生的消极心态。这种心态往往使成功者觉得船到码头、车已进站，可以歇一歇、松口气了。这种心满意足的精神状态松懈了其进取的意志，削弱了其开拓的勇气，使其忘却了新的奋斗目标，因而对迫在眉睫的新矛盾、新任务、新问题视而不见、充耳不闻，终致积重难返，无力扭转，走向成功的反面。因此，对成功者而言，必须居安思危，将心态归零，才能使成功可持续、不变质。

如果说成功就是发挥最大限度的能力以达到理想的目标，那么，成功是没有止境的，成功后你不会满足于停留在原地，人的欲望无止境，总会有更高的目标等着你。只有重新出发，丢弃"骄傲"这顶帽子，甩开"成功"这个包袱，才能在成功之后取得更大的成功。

爱因斯坦说："如果有谁自己标榜为真理和知识的裁判官，他就会被神的笑声所覆灭。"成功不是人生停留的归宿，也不允许昨天的成功影响今天的工作。生活在于不断地奔跑，在于不断地超越自己，而不在于成功目的的实现。

真正伟大的人是绝不会停止成长的。

19世纪英国政治家，曾历任四届英国首相的鲍尔温70岁时还在学新的语言。

俾斯麦死时83岁，但他最伟大的工作是他70岁以后才完成的。

16世纪意大利的画家提善一直作画到99岁去世为止。

歌德虽然早已是世界级的大文豪，但他依然不满意，用了60年才完成《浮士德》。

天文学家拉布兰在79岁去世时说："我们知道的是有限的，我们不知道的是无限的。"

在很多时候，成功者在已有的成绩面前骄傲自满，忘记了以前奋斗时的斗志和气量。"虚心使人进步，骄傲使人落后。"在信息化时代，在学习力成为核心竞争力的时代，如果拒绝继续学习，拒绝吸纳别人的意见，那么无论他们曾经多么成功，现在的成功也将会离他们而去，失败就会紧随而来。因此，在取得成功时一定要注意"保持谦虚谨慎、不骄不躁的作风"。

人生没有永远的成功,只有永远的前进。在成功面前,要心态归零,时刻警醒自己,正确认识成功与失败,才能收获更多的喜悦。牛顿说:"如果说我看得比其他人远,那是因为我站在巨人的肩膀上。"

第十一章 培养空杯心态

荣耀也需要"空杯"

背负着太多的荣耀,就很容易迷失自己的方向。

古往今来,有很多因为在荣耀面前忘乎所以,而被成功遗弃的人。一个成功的人,不会把自己完全沉浸在荣耀之中,从而停止前进的步伐。越是在功成名就之时,人越要懂得自省。

人生又何尝不是如此!在人生路上,每个人都是在不断地累积包括你的名誉、地位、财富、亲情、人际、健康、知识等,当然也包括烦恼、郁闷、挫折、沮丧、压力、骄傲等。这些东西,有的早该丢弃而未丢弃,有的则是早该储存而未储存。

一个落魄的篮球明星来到一家洗车店里打工。由于工作环境特殊,老板要求他在擦车时摘下冠军戒指,以免将车划伤,但遭到了他的拒绝。他说,那枚冠军戒指是他剩下的唯一荣耀,如果把它拿走,他将一无所有。结果他被洗车店解雇了。

人活于世,头脑中一定会有各种固有的观念,有各种各样的污染。正是这种污染使我们的生命不再年轻,让我们丧失了许多创造力和生命的生机。人们开始担心失去已有的名誉、地位和各种关系的资源,要放弃这些东西,让自己回到最原始的状态,便成了一件很可怕的事情。正是这种担心和害怕,越来越使人变得世俗。

哈佛大学校长到北京大学访问的时候,讲了一段自己的亲身经历。

有一年,校长向学校请了三个月的假,然后告诉自己的家人,不要问他去什么地方,他每个星期都会给家里打个电话,报个平安。

校长只身一人,去了美国南部的农村,尝试着过另一种全新的生活。他到农场去打工,去饭店刷盘子。在田地做工时,背着老板躲在角落里抽烟,或和工友偷懒聊天,都让他有一种前所未有的愉悦。

最有趣的是,最后他在一家餐厅找到了一份刷盘子的工作,干了4

个小时后，老板把他叫来，跟他结账。老板对他说："可怜的老头，你刷盘子太慢了，你被解雇了。"

"可怜的老头"重新回到哈佛，回到自己熟悉的工作环境后，却觉得以往再熟悉不过的东西都变得新鲜有趣起来，工作成为一种全新的享受。

这三个月的经历，对于校长来说，像一个淘气的孩子搞了一次恶作剧一样，新鲜而刺激。更重要的是，当他回到一种原始状态以后，就如同儿童眼里的世界，一切都充满乐趣，也不自觉地清理了原来心中积攒多年的"垃圾"。

这个"可怜的老头"，厌倦了在哈佛日复一日的校务工作和程式化交际，为了改变这一现状，他在抛开哈佛校长的光环后，从零开始生活，从而也抛弃了以往心中所积攒的不少"垃圾"，让自己的内心真正空杯。

俗话说，人往高处走，水往低处流。人们通常会被高处的风光所迷惑，从而忘乎所以，变得浮躁肤浅。这时，我们就需要一种逆向思维，降低身价向下走，这样才能为未来的向上增加助冲力。一个人若心中有智慧，就能分辨一条自己该走的路，而这条路是没有高低之分的。其实，人生不仅仅是一座珠峰，吸引着我们去攀登，有时还是汹涌的波涛，为了登上更高的山峰，我们先得有滑入浪底的勇气。荣耀也是如此，当我们和过往的风光挥手告别的时候，它才不会羁绊住你往前走的脚步。

第十一章　培养空杯心态

做一个敢于"空杯"的人

一个杯子若装满了水，稍一晃动，水便溢了出来。一个人若心里装满了骄傲，便再也容纳不了新知识、新经验和别人的忠言，长此以往，事业或者止步不前，或者受挫，故古人云："满招损，谦受益。"

文艺复兴时期的大师达·芬奇在《笔记》中感叹道："微小的知识使人骄傲，丰富的知识则使人谦逊，所以空心的禾穗高傲地举头向天，而充实的禾穗低头向着大地，向着它们的母亲。"其实，人们不应为自己已有的知识和成绩感到骄傲，杯子的容量是有限的，假如能够保持谦虚的心态，则心胸可以扩展到无限。人们如能谦虚处世，无疑可以掌握更多的知识，取得更大的成绩。

爱因斯坦是科学界的泰斗，但有一次他的学生问他说："老师的知识那么渊博，为何还能做到学而不厌呢？"爱因斯坦很幽默地解释道："假如把人的已知部分比作一个圆的话，圆外便是人的未知部分，所以说圆越大，其周长就越长，他所接触的未知部分就越多。现在，我这个圆比你的圆大，所以，我发现自己尚未掌握的知识自然是比你多，这样的话，我怎么还懈怠得下来呢？"

关于谦虚处世，俄国的列夫·托尔斯泰也做了一个很有意义的比方："一个人就好像是一个分数，他的实际才能好比分子，而他对自己的估价好比分母，分母越大，则分数的值越小。"

许多人对于谦虚这种品质不以为然。事实上，谦虚是一种积极崇高的品质，如果妥善运用，能够使人类在精神上、文化上或物质上不断地提升与进步。

谦虚是人性中的美德，如果你想获得成功，谦虚就是必要的品质。在你到达成功的顶峰之后，你会发现谦虚更重要。只有谦虚的人才能得到智慧，聪明的人最大的特征是，能够坦然地说："我错了。"

真正的谦虚，是自己毫无成见，思想完全解放，不受任何束缚，对一切事物都能做到具体问题具体分析，采取实事求是的态度，正确对待，对于来自任何方面的意见，都能听得进去，并加以考虑。谦虚的人能做到在成绩面前不居功，不重名利；在困难面前敢于迎难而上，主动进取。谦虚并不是卑己尊人，而是既自尊，也尊人。

　　一个人成功的时候，还能保持清醒的头脑，而不趾高气扬，他往往会取得更大的成功。

　　你能够承受得住突然的成功喜悦吗？要衡量一个人是否真正能有所成就，就要看他能否有这种承受的能力。福特说："那些自以为做了很多事的人，便不会再有什么奋斗的决心。有许多人之所以失败，不是因为他的能力不够，而是因为他觉得自己已经非常成功了。他们努力过、奋斗过，战胜过不知多少的艰难困苦，他们凭着自己的意志和努力，使许多看起来不可能的事情都成了现实，然后他们取得了一点儿小小的成功，便经受不住考验了。他们懒怠起来，放松了对自己的要求，往后慢慢地下滑，最后跌倒了。在古往今来的历史上，被荣誉和奖赏冲昏了头脑，而从此懈怠懒散下去，终至一无所成的人，真不知有多少……"

　　人生有涯，而知识无涯。不管你多有才能，你曾经有多么辉煌的成绩，如果你一味沉溺在对昔日表现的自满当中，"学习"便会受到阻碍。要是没有终生学习的归零心态，不断追寻各个领域的新知识，不断开发自己的创造力，你终将丧失自己的生存能力。因为，一旦拒绝学习，就会迅速贬值，所谓"不进则退"，转眼之间就会被抛在后面，被时代淘汰。

第十一章　培养空杯心态

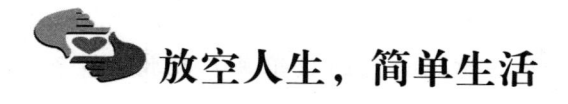

放空人生，简单生活

人生有空余，才能装下更多，生活因为扫除了复杂，才得以活得快乐。

杯子清空了，才能再装水；计算器归零了，才能进行新的计算；一天的喧嚣，激起滚滚红尘，夜晚太阳休息了，尘埃落定了，人进入睡眠状态，这时万事万物都处于"清空"状态……新的黎明就快到了。春播、夏收、秋种，人们在劳作，大地在产出，冬天到了树叶落了，许多动物冬眠了，许多植物被皑皑白雪覆盖了，辛劳的人们开始结算一年的收入，机关开始了经验性的总结，一切都在清算后清空，然后再迎接又一个春天的到来。

人也是如此，从幼年、少年、青年、中年步入老年，然后又变成黄土，一个人的生命就由有机物变成了无机物，生命状态彻底"放空"，然后其养分又溶入谷物，又进入人体变为精血，塑造成新的生命降临人间……

中国传统文化中处处也体现了"空杯"的智慧。比如春节前的大扫除，扔掉那些没用的东西，把灶神爷财神爷都送出去再接回来，清扫每一个角落，窗明几净地迎接新的一年。今年的污秽不能带入明年，往日的污秽也不能带进明天，这就是把昨天"放空"，为新的积蓄留出存储空间。

在人的一生中，会有许多的追求、许多的憧憬。追求真理，追求理想的生活，追求刻骨铭心的爱情，追求金钱，追求名誉和地位。有追求就会有收获，我们会在不知不觉中拥有很多，有些是我们必需的，有些却是完全用不着的。那些用不着的东西，除了满足我们的虚荣心外，最大的可能就是成为我们的一种负担。

其实，幸福与快乐源自于内心的简约，简单使人宁静，宁静使人快乐。

有个小孩对母亲说:"妈妈,你今天真漂亮!"母亲回答:"为什么?"小孩说:"因为妈妈今天没有生气。"

原来要拥有漂亮很简单,只要不生气就可以了。

有个牧场主人,他让自己的孩子每天在牧场辛勤工作,朋友对他说:"你不需要让孩子如此辛苦,农作物一样会长得很好。"主人回答道:"我不是在培养农作物,是在培养我的孩子!"

原来培养孩子很简单,让他吃点儿苦头就可以了。

简单绝对不是不简单的对立面,二者在很多时候都是相互统一的,越是不简单、不平凡的东西在我们看来却越是简单。

大凡简洁而执着的人常有充实的人生。因为简洁,每每能找到生活的快乐;因为执着,时时能感觉没有虚度每一天。一个人若时常追求复杂而奢侈的生活,则苦难没有尽头,不仅贪欲无度,烦恼缠身,而且日夜不宁,心无快乐。因为复杂,往往浪费了宝贵的时间;因为奢侈,极有可能断送美好的人生。平凡是人生的主旋律,简洁则是生活的真谛。

人活在世上都要扮演一定的角色,或许你的生活很简单,但是你有自己的幸福。

有些人,他们活着,却没有时间去享受生活;爱着,他们却不懂怎么诠释爱情;他们满足,因为他们没有奢望生活过多的给予;他们简单,不用在人前掩饰什么。他们也许连幸福是什么都不知道,然而真正幸福的就是这么一群简单的人。

简单的人生是每个人能够拥有的,但是如果为了获得这份简单而清空拥有的名利、权势、荣耀,则是很多人无法做到的。人之所以不幸福,就是因为不能够放下,活得不够简单。不要去刻意追求什么,不要向生命去索取什么,不要为了什么去给自己塑造形象,其实,简单本身就是一种幸福。

问问你自己,想要的生活是怎样的?如果你选择荣华富贵,那么就不要埋怨命运为你设下的烦恼和困难;如果你选择平和简单的生活,命运自然会眷顾你,赐予你一份细水长流的幸福。

第十二章

塑造从容心态

从容是一种内在的修行

以平常心看透世间一切事情，确确实实地把握住目前的一切，实实在在、平平淡淡地过有意义的生活，是一种轻松享受生活的意境。

三伏天，某禅院的草地枯黄了一大片，"快撒些草子吧，"徒弟说，"别等天凉了。"师傅挥挥手说："随时。"

中秋，师傅买了一大包草子，叫徒弟去播种，秋风疾起，草子飘舞。"草子被吹散了。"小和尚喊。

"随性。"师傅说道，"吹去者多半不饱满，落下来也不会发芽。"

撒完草子，几只小鸟即来啄食，小和尚又急了。师傅翻着经书说："随遇。"

半夜下了一场大雨，弟子冲进禅旁："这下完了，草子被冲走了。"

师傅正在打坐，眼皮都没抬，说："随缘。"

半个多月过去了，光秃秃的禅院长出青苗，一些未播种的院角也泛出绿意，徒弟高兴得直拍手。师傅站在禅房前，点点头："随喜。"

从小和尚和师傅对外界变化的不同反应我们可以看出，徒弟的心态是浮躁的，而师傅的心态是从容的。

故事中师傅的从容，也就是理性与平常心，尤其值得患得患失、生活在狂喜与颓废之间的人们思量。从预备撒草种到长出绿苗，徒弟的情绪大起大落，而师傅始终平和地面对。这种心态差别，源于两个人的阅历与素养。

生命是一种缘，是一种必然与偶然互为表里的机缘。有时候命运喜欢与人作对，你越是挖空心思想去追逐一种东西，它越是想方设法不让你如愿。这时候，痴愚的人往往不能自拔，好像脑子里缠了一团毛线，越想越乱，陷在自己挖的陷阱里；而明智的人明白知足常乐的道理，他们会顺其自然，而不强求不属于自己的东西。

第十二章　塑造从容心态

据说迪斯尼乐园刚建成时，迪斯尼先生为园中道路的布局大伤脑筋，所有征集来的设计方案都不尽如人意。迪斯尼先生无计可施，只好命人把空地都植上草坪后就开始营业了。

几个星期过后，当迪斯尼先生出国考察回来时，看到园中几条蜿蜒曲折的小径和所有游乐景点有机地结合在一起时，不觉大喜过望。他忙喊来负责此项工作的杰克，询问这个设计方案是出自哪位建筑大师的手笔。杰克听后哈哈笑道："哪来的大师呀，这些小径都是被游人踩出来的！"

任何一个在事业上成功的人，遇事都能保持轻松从容的心态。成功的人在碰到逆境的时候，也能保持沉着、冷静的心态，并随时准备着捕捉和发掘新机会，以及了解和对付新的问题。

成功者的那种心境轻松的情形，就像一个优秀的橄榄球运动员一样。当球员传球的时候，假如球意外地落到他的手中，他并不犹豫或惊慌。而成功者也是一样，面对突发的新情况，并不会手忙脚乱，他总能灵敏地作出反应，他会紧抱着球警觉而放松地转个方向，以免对手扑过来。

生命中的许多东西是不可以强求的，那些刻意强求的东西或许我们终生都得不到，而我们不曾期待的灿烂会在我们的淡泊从容中不期而至。不管在何种场合，如果能够保持从容不迫、顺应自然的心态，那么，任何事情都能应付自如。

因此，面对生活中的顺境与逆境，我们应当保持"随时""随性""随遇""随缘""随喜"的心境，顺其自然，以一种从容淡定的心态面对人生，这样我们就会有意想不到的收获。

从容处世，胸怀高远

能镇定且平静地注视一个人的眼睛，甚至在极端恼怒的情况下也不会有一丁点儿的脾气，这会让人产生一种任何东西无法给予的力量。人们会感觉到，你总是自己的主人，你随时随地都能控制自己的思想和行动，这会给你品格的全面塑造带来一种尊严感和力量感，有助于品格的全面完善，这是其他任何事物所做不到的。

一个人所处的环境无论是多么不和谐，或者一个人的生活条件是多么艰难，这都无关紧要。在每个人的体内都有着巨大的潜能，这使他能在每一次暴风雨和外在不利环境的重压下保持真诚和从容，他是自己的主人。他可以这样指导他的思想，甚至达到了"不以物喜、不以己悲"的境界，这样，任何事物都无法破坏他巨大潜能的开发和利用。

一个眼界宽广的人一定是善于安排自己的计划、善于处理自己眼前得失和长远利益的人；一个眼界宽广的人一定是能够容忍一时的挫折和失意，并处之以淡然的人；一个眼界宽广的人，是一定会拿得起、放得下，知道什么重要、什么不重要，懂得去正确作出取舍的人。

成功的人之所以会成功，他们和普通人往往有所不同，这个不同很重要的一点就是他们心态比常人要从容、淡然，他们的眼光比普通人要宽广、长远。

中国首富李嘉诚就是这样的一个人。

1967年，香港出现暴动，当时不少富户都抛出土地物业，他趁机超低吸纳，随后地产业狂升使他进账以亿元计算。

1982年，中英谈判开始，香港爆发信心危机，楼、股受挫，英资财团怡和更宣布迁址并对香港前途表示不信任，李嘉诚这时却发展大型住宅区，以此表示自己对香港的信心。此举不仅为他们带来了巨大

第十二章 塑造从容心态

利润,还改善了香港的人居环境。

在香港回归前期,李嘉诚不像其他富豪那样,移资国外、移民他乡。恰恰相反,他坚定地留下来,并大举进军内地投资。事实再次证明,他的选择是正确的,最终使得他取得了一次又一次的成功。

为什么有的人能轻轻松松地就获得了成功,有的人使出全身解数却始终不能如愿以偿呢?为什么有的人始终只能做一个很普通的人,有的人却能够脱颖而出成为令人垂青的佼佼者呢?在这里面,眼界本身就是一项很重要的素质。

当社会飞速发展为人类提供了前所未有的物质的丰裕和生活的多样化,这似乎已是无可辩驳的事实。然而,即使在刚刚开始步入现代化的中国,也有越来越多的人在享受比过去丰富的物质的同时,感到平和、安宁和从容正越来越稀缺。本来,现代社会提供给人们最激动人心的许诺是:每一个人都可以有无限多样的选择。人们似乎应该利用各种机会和手段去选择,去过一种更释然、更惬意的生活。

事实却恰恰相反,人们最终的选择结果,往往是在日常生活中不知所从,不知所属,忙乱不堪,浮躁不堪。

曾有人这样说过:"对任何人而言,忙乱不堪,没有定性,就意味着心理的某种失衡、虚弱和脆弱,这意味着无论他走到哪里,整个世界都是一团喧嚣。"一个人不具有心理弹性,内心不能在保持均衡的情况下活动,内心失衡,就意味着破坏性的东西,意味着混乱的状态,意味着整个生活中充满喧嚣和不安的气氛。

真正强大的人是不会为忙乱的琐事所困扰的。这样的人去任何地方都不会遇到很大的烦恼,无论他错过了飞机还是飞机迟了,无论天下雨还是下雪了,无论他"不喜欢它"还是他的旅程因为某个预想不到的问题而被耽搁,这些琐事都不会影响到他。他会一声不响地调整自己的心态,或者对不利的处境提出解决问题的办法,或者干脆不理它,转而去做别的重要事情。

他们内心和谐、安宁、乐观和从容,他们身负很多事情,但他们能分清主次、有条不紊、从容自若地来应付。"天塌下来,还有高个子顶着。"他们什么都不怕,什么都不惧;他们优哉游哉、从从容容、游刃有余地应对一切。

和谐、安定、从容不迫是一种滋补剂，能全面提升我们的精神品位，也能滋养我们的身体。这种从容从内心而始，有效控制自己，是我们每个人都能做到的。

"就好像一片没有用的沼泽地，"一个天才的作家说，"可以变成一块种满了黄金谷物的田地或一片富饶的果园，只要把池里的水抽掉，并且把那些水流引导到一条建造好的水渠中就可以了。而一个人也同样，他可以通过征服并引导这些思想水流，在自身体内获得平静。于是，他拯救了自己的灵魂，使自己的心灵和生命开花结果。"

平凡不平庸，我有我精彩

不要把平凡当作平庸。世界上有很多人一辈子一事无成，只满足于过一种温饱无忧的生活。找到了一份稳定的工作，终其一生总是拿那么一点点薪水，每天总是做着同样的事情，一直到老。而他们竟以为人的一生所能获得的东西也就只能是这么多了。

"现在的自己永远是有待完善的"，诗人格斯特的这句话说的便是这个意思。他之所以会成功，很大一部分原因就是他能常常向上看，不甘平庸，努力塑造理想中的自我。

我们每个人都希望自己有一天能出人头地，拥有精彩的人生。然而，很多人一辈子庸庸碌碌，不仅没有任何作为，反而活得一塌糊涂。这样的结果，完全是自己甘于平庸的心态所造成的。如果一个人能够超越自己、不甘平庸，那他就很容易获得成功。

碌碌无为的生活，会使人的精神和意志常常处于麻木与半麻木的状态，犹如待在没有星星与月亮的黑夜，没有风，没有鸟，甚至连一点儿声音也没有，周围一片死寂。

只有不甘于平庸、不满足于现状，才会对生活有所追求，才能使我们热血沸腾、干劲十足，才会使我们加倍努力。

何永智被称为"中国的阿信"，她的成功就是她不甘平庸所造就的。她靠三口锅开火锅店起家，后来越开越大，成为中国的"火锅皇后"。

何永智原来在一个制鞋厂工作，丈夫是电工。靠工资，日子过得十分清贫，何永智不满足这种只是温饱的日子。她下班后就去做些小买卖，以改变窘迫的现状。

改革开放初期，何永智大胆地把房子卖了做生意，抓住了改革的商机。卖房的价格是原来买房时的5倍，何永智从中小赚了一笔。她用卖房的3000元，买了成都市八一路一间临街房，卖服装和皮鞋。有了自己的店铺后，生意规模迅速扩大。

后来，八一路改成了火锅特色一条街，何永智果断地关闭了原来的店铺，开了"小天鹅火锅店"。刚开始，店面很小，只能摆下三张桌，设三口锅。第一个月没有经验，亏损。第二个月，何永智把心思用在两个方面：一是口味，二是服务，生意一天天好起来。

何永智的店很红火，一天的收入将近她过去一个月的工资，但她并不满足，盼望着能赚一万元，也当个"万元户"，20世纪80年代初，"万元户"很少。她心里一直埋藏着强烈的进取心，为了这个店，何永智废寝忘食，把所有精力都用在经营上，店也一天比一天红火。6年后，她成了这条街上的"火锅皇后"，经营面积扩大到100多平方米。这时，何永智有了更大的梦想。

20世纪90年代初，她在成都租下2000平方米的房屋，开设了第一家分店。分店也开得同样成功。何永智又接着扩大规模，相继在绵阳、双流等周边地区开设分店，影响越来越大。

1994年，天津加盟连锁店的开设使何永智的火锅事业又步上了一个新的台阶。天津火锅店的起源是这样的：1992年，到绵阳办事的天津人景文汉看到小天鹅火锅那么红火，于是开始寻找何永智。足足找了3个月，他才找到在武汉开店的何永智，并提出合作。何永智被对方的诚意所感动，同意合作，而且条件优惠。她说："我出人员、技术、品牌，你投入资金，共同办店。收回投资前，三七分成，你七我三；收回投资后，五五平分。"

天津连锁店的开设让何永智看到了事业发展的另一番天地，于是她又大干了一番，以平均每月一家的速度开办加盟连锁店，向全国各大城市推进。很快，上海、北京、南宁、广州、西安、沈阳、哈尔滨等地都开起了加盟店。她甚至把火锅店开到了美国西雅图等地，成为国际型企业。何永智一举跨入了亿万富翁的行列。

如果何永智甘于某一阶段的富足，害怕冒险，见好就收，仅满足于在天津的经营，就不会拥有后来的财富。

目前，何永智已成为大企业的集团总裁，曾当选为第八届全国妇联代表，她所创办的企业也跻身"中国私营企业 500 强"行列，成为"中国最具前景的 50 家特许经营企业"。

人的一生，或是平庸，或是卓越，看你怎样选择。如果没有理想，没有事业心，那就只能庸庸碌碌地度过一生。有不少年轻人很聪明，很能干，也很自信，却无所作为。原因是：不想干。一个不想获胜的人，永远不会在比赛中得到冠军。一根燃烧的火柴发出的光要超过一万斤没有燃烧的干柴。不管你有多大的才干，没有远大的理想和抱负，不愿行动，势必会自我埋没。

那些追求卓越的人之所以会成功，是因为他们不满足于自己现有的成就，他们总会以批判的态度来审视自己，看看自己是不是真的没有再前进的能力了，然后再把他们现在的地位和所期待的状况进行比较，并以此来激励自己不断努力。

我们都是平凡的人，世界上没有一出生就注定是卓越或者平庸的人，只有甘于平庸的人。人可以平凡，但不能平庸。

别让烦恼跟随你

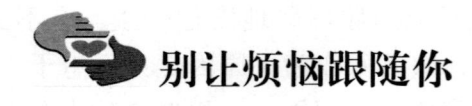

人常常抱怨人生一世，烦恼多于快乐，痛苦多于幸福。其实，人生在世，有烦恼、有痛苦是很正常的现象。没有哪一个人能够顺顺心心、无忧无虑地过一辈子的，关键看你用怎样的心态去面对这些不如意。

开心是一天，烦恼也是一天。为了纠缠于这些苦恼，而放弃沿途经历的风景，原本就是一件很愚蠢的事情。我们都不是愚蠢的人，可为什么总会被这样的念头深深影响呢？

曾经有这样一个寓言，有一只小老鼠在路上拼命奔跑，小乌鸦问它："小老鼠，你为什么跑得那么急？歇歇腿吧。""我不能停，我要看看这条道的尽头是个什么模样。"小老鼠回答后，继续奔跑。

一会儿，乌龟说："小老鼠你不要跑得那么急，晒晒太阳吧。"小老鼠依旧回答："不行，我急着去路的尽头，看看那里是什么模样。"一路上，不管小老鼠碰到什么小动物，也不管小动物怎么询问，小老鼠都是回答同样的答案：我要看看路的尽头是什么模样……

小老鼠从来没有停歇过，一心想到达终点。直到有一天，它猛然撞到了路尽头的一个大树桩，才停下来。

"原来路的尽头就是这样一个树桩！"小老鼠喟叹道。更令它懊丧的是，它发现此时的自己已经老迈："早知这样，好好享受那沿途的风景该多美啊……"

故事简单吧？很简单，这是一个简单到小孩子都听得懂的故事，但也是一个足以让成年人也为之感慨的道理。孩子从故事中看到小老鼠的执着，小乌鸦和小乌龟的可爱；成年人可以从中读出自己忙忙碌碌却错过生命诸多风景的遗憾。

很多人生大道理，就是藏在简单的琐事中，却又深刻地影响着我们。我们行走在尘世间，左顾右盼，东张西望，常常像是一个两鬓风霜的旅行者，经过一个个驿站，为了赶路，有时候甚至不能稍作停留。生活的五彩斑斓在我们的浮光掠影中渐渐变成灰白的记忆，我们自以为奔走在追求快乐的路上，却常常痛苦地感叹生活的艰辛。正如柴陵郁禅师曾作过一首禅偈：我有明珠一颗，久被尘劳关锁，今朝尘尽光生，照破山河万朵。

每个人的身上都有一颗属于自己的明珠，但我们常常因为追逐外在的快乐而迷失自我，丧失快乐的能力。当我们把自己的快乐建立在对外部世界的索求上时，我们就很难得到满足。因为这个世界总是"人外有人，天外有天"的，我们的笔记本不是限量版，我们的房子不是最大的别墅，我们的太太没有明星漂亮，我们的先生也没有比尔·盖茨富足……所以，我们就像一只只奔跑在人生路上的小老鼠，不管如何筋疲力尽，总还是希望可以早点儿到达终点，并始终固执地认为，终点一定是幸福、快乐而又富足的。

但是，当我们变成一只只撞倒在树桩前的小老鼠时，我们才会发现：本来可以很快乐的一生就这样被我们痛苦地度过了。

生活其实很简单，而简单的背后就是不要和自己较劲儿，和自己较劲儿的人是注定不会快乐的。

有一个笑话是这样，说一个老人，非常喜欢留大胡子，花白的胡子足有一尺长。一天傍晚，老人在门口散步，遇到了邻居家一个5岁的小孩儿。小孩子就问他："老爷爷，你这么长的胡子，晚上睡觉的时候，是把它放在被子里面呢，还是放在被子外面？"老人想了一下，竟一时答不上来。

等到晚上睡觉的时候，老人突然想起小孩子问他的话。他先把胡子放在被子外面，感觉很不舒服；他又把胡子拿到被子里面，仍然觉得很难受。就这样，老人一会儿把胡子拿出来，一会儿又把胡子放进去，整整一个晚上，他始终想不出来，过去睡觉的时候，胡子是怎么放的。第二天天刚亮，老人就急不可待地去敲邻居家的门。正好是小孩子来开门，老人生气地说："都怪你这小孩，害我一晚上没有睡成觉！"

是小孩的错吗？显然不是。胡子放在被子里还是被子外原本是很自然的事，考虑多了便成了烦恼。换句话说，生活中的很多事情都是我们自己搞复杂的，我们和周围的人较劲儿，和周围的事儿较劲儿，有时候还和小老鼠一样，和自己较劲儿。结果，很多明明可以非常容易获得的快乐就这样被我们当成了包袱、烦恼，压得我们喘不过气来。

　　人总爱和自己较劲儿，什么事都要弄个水落石出，总要把简单的问题搞复杂。吉祥大师曾说：智慧出现的时候，很多事情其实是非常简单的。胡子放在被子里面还是外面这有什么关系呢？路的尽头到底是一个富丽堂皇的城堡还是一截干枯的树桩有什么关系呢？只要我们不为生活的小事儿烦恼，不被虚幻的大目标牵着跑，就可以高高兴兴地度过每一天。而未来，不正是每一个快乐的今天累积起来的吗？就像漫长的人生之旅，其实只是每一步快乐的叠加。

　　从现在开始，别再和自己过不去了，就在此时此刻，赶快放下行囊吧，打开人生的背包，细细地点数一下你所拥有的亲情、爱情和友情，然后，怀着感恩之心好好地珍惜今天全部的幸福，卸下你的烦恼，快乐、潇洒地重新上路。渐渐地，你就会发现，人生处处都有惊喜，沿路皆是好风景。

跳出"名利场"

作为一代鸿儒,钱钟书向来淡泊名利。

1991年,全国18家省级以上电视台联合拍摄《中国当代名人录》,钱钟书名列其中,友人告诉他将以钱酬谢,他淡淡一笑:"我都姓了一辈子'钱'了,还会迷信这东西吗?"

有一次,美国普林斯顿大学邀请钱老讲学,开价16万美元,交通、住宿、餐饮免费提供,可偕夫人同往。钱钟书拒绝了,他对校方特使说:"你们研究生的论文我都看过了。就这样的水平,我给他们讲课,他们听得懂吗?"

又有一次,英国一家老牌出版社,得知钱老有一本写满了批语的英文大辞典,派出两个人远渡重洋叩开钱府的大门,出以重金,请求卖给他们,钱老说:"不卖!"

国外曾有人表示,如果把诺贝尔奖颁给中国作家的话,只有钱钟书才能够当之无愧。钱钟书则表示,萧伯纳说过,诺贝尔设立文学奖比他发明炸药对人类的危害更大。

……

与钱钟书先生一样淡泊名利的,还有一代国学大师、国宝级的文化巨擘季羡林先生。季老留给我们的不仅是那炉火纯青、登峰造极的学问,更多的是"三辞桂冠"、专心做学问的求实作风,是那种远离浮躁、甘为人梯的淡泊操守。季羡林在《病榻杂记》一书中提出"三辞",第一次廓清了他是如何看待这些年外界"加"在自己头上的"国学大师""学界泰斗""国宝"这三项桂冠的,他表示:"三项桂冠一摘,还了我一个自由自在身。身上的泡沫洗掉了,露出了真面目,皆大欢喜。"

无论是钱钟书还是季羡林,我们所看到的都是淡泊名利、专心学问的情操。无论是治学、立身还是工作，我们都需要这种甘于淡泊的精神。

名利，是伤及世人生命的凶器。关于名利，庄子也有一句名言叫作，"名也者，相轧也；知也者，争之器也。"意思是名与利，导致人们相互倾轧，知识谋略，成了人们争名夺利的工具。可见名利之误人误己不浅。古往今来，读书人为了金榜题名而发奋苦读，并非为了真正的学问，这就是争斗心理的开始。人类的历史，尤其是中国的历史，数千年来每个朝代，在皇帝面前党派意见的纷争，都是因"名、利"而引发的。

虚荣是虚妄不实的，然而一般人往往看不破，执虚为有，并为之驱逐，劳苦不停。虚荣之假难见，虚荣之大也难以舍弃，正如一句话所言，只身困在名利场，跳入容易抽身难。人们往往贪慕名利虚荣的强大表象，置身险境而不觉。

在太平洋的布拉特岛生活着一种王鱼。王鱼是天生的魔幻大师，它有一种本领，只要它愿意，就能吸引一些较小的动物贴附在自己的身上。它先给它们一点儿好处，一点儿自身的分泌物。当这些小动物被吸引后，王鱼便要千方百计地把这些小动物身上的物质吸干，慢慢地吸收为自己身上的一种鳞片，其实那不是鳞，只是一种附属物。当王鱼有了这种附属物后，便会变成另一种形态，满身像个大气球，比没有鳞的王鱼，最少大出四倍，简直威风极了。而没有吸附小动物的王鱼还是老样子，看起来比较渺小，远不如吸附了外界物质的王鱼那么"气宇轩昂"。

可惜好景不长，当吸附了外界物质的王鱼，生命进入到后半生时，由于身体机能的退化，这种附属物会慢慢脱离它的身体，使它重新回到原本的面目，那个渺小的外形。

失去了鳞片的王鱼，就会变得痛苦不堪，因为失去了盔甲，它再也无法适应眼前的水域世界。在这种情况下，它会变得异常烦躁，甚至它会去无端地攻击别的鱼类，以解脱自我。可惜，在攻击别人的时候，它又没有了往日的能力，反过来被别人撕咬得遍体鳞伤。

绝望的王鱼只能去自残，往岩石上猛撞，撞得血肉模糊，惨不忍睹。它往日主宰的一切，包括自己的生命，都不再属于它。

虽然是一个关于鱼的故事，但与我们的人生何其相似。虚荣害人，为了求名成功，为了好胜而求知识，这两样都是杀生的武器，杀人不见血，破坏自己的生命。外界的浮华和虚荣是不会长久的，任何不切实际的幻想只能带来无穷的痛苦和烦恼。一个成熟的人应当努力追求自我生命的价值，看重自己在工作中的贡献，而不是贪慕名利。

陈钟盛是白族人，1955年从昆明工学院机械制造专业毕业，后被分配到首都航天机械公司当了一名机修技术员。但是当他真正接触这项工作后，才发现这个行当并没有想象中那么好做。最棘手的问题便是对机床上损坏了的铸铁的修复，修复铸铁是一项费力不讨好的工作，有时忙活了一个多月，也没有什么实质性的进展。为了尽快改变这一状况，陈钟盛决心在制铁冷焊这条路上闯出一番天地。

在公司技术人员和老师傅的大力协助下，陈钟盛终于成功试制出了新型焊条，攻破了铸铁冷焊的技术难题。在此基础上，他还陆续研发出不同规格、不同性能的铸铁焊条，结束了我国长期依靠进口的历史。陈钟盛发明的铸铁焊条还出口国外，为国家赚取了大量的外汇。他的铸铁冷焊技术荣获重大科研成果奖，他出席了全国科技大会，当选了全国劳动模范。

面对接踵而来的各种奖励与荣誉，陈钟盛表现得淡定从容，他说自己并不是为了这些名利才夜以继日地工作，他想的是将自己的生命奉献给祖国的航天事业，矢志不渝。名利从来都是身外之物，做好工作才是根本。他将奖金捐了出去，他说："我是来工作的，不是来图名图利的。"如今，70多岁的陈钟盛虽然退休了，但他一直坚持"矢志航天"的信念，为航天事业一直贡献着自己的力量。我国的航天事业正是有了像陈钟盛这样只求奉献、不图索取的技术人员，才能在落后了西方航天强国近30年的基础上，迎头赶上，为铸就自主的航天事业奠定了坚实的基础。

在肩负着民族使命、担负着祖国荣誉的航天战线上，每时每刻都涌现着不为名、不为利、无私奉献的航天人。他们远离家乡，远离亲人，甘于寂寞，无怨无悔。正因为有了他们，航天事业才能取得辉煌的成就。无论从事什么行业,都需要这种甘于奉献,淡泊名利的操守。

　　名利场是一个浮华的世界,处处弥漫着尘埃。它蒙蔽了人们的眼睛,禁锢了人们的心灵,最能够束缚自己的是名利,最能够误导自己的也是名利。"淡泊明志,宁静致远",只有淡泊名利的人才能坚守自己的选择,安于自己的定位。

第十二章　塑造从容心态

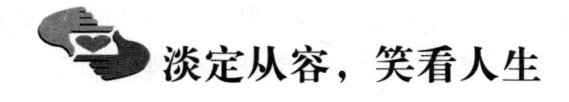

淡定从容，笑看人生

有一个美国旅行者在苏格兰北部过节，这个人向一位坐在墙边的老人问道："明天天气怎么样？"

老人看也没看天空就回答说："是我喜欢的天气。"

旅行者又问："会出太阳吗？"

"我不知道。"他回答道。

"那么，会下雨吗？"

"我不想知道。"

一番问答之后，旅行者已经完全被搞糊涂了。"好吧，"旅行者最后无奈地问道，"如果是你喜欢的那种天气的话，那会是什么天气呢？"

老人看着旅行者，平静地说道："很久以前我就知道我没法控制天气了，所以不管天气怎样，我都会喜欢。年轻人，我想以后你也会慢慢喜欢的，无论是什么天气，你都会的。"

旅行者看着老人从容淡定的神情，品味着老人所说的话，他觉得自己明白了。

如果我们都像这位老人一样淡定从容，那么我们的人生将会减少很多不必要的烦恼！

人人都会有烦恼的事情，但是，如果总是为一些无端的事情或自己无法操控的事情而烦恼，就是一种病态心理。烦恼由心产生，烦恼如同不良生活习惯导致的疾病，而淡定从容的生活态度，是免于烦恼的健康生活习惯。烦恼是无缘无故的风，无法保持平静淡定、对任何事都深思不已、纠缠不休的人，心湖就会被烦恼的风掀起波澜。

人生若能从容淡定，便会远离烦恼，体验另一条生命，另一番境界。有句佛语叫掬水月在手，苍天的月亮太高，凡尘的力量难以企及，但是开启智慧，掬一捧水，月亮美丽的脸就会笑在掌心。人生总会有各种纷繁复杂的问题，面对这些问题，如果不能保持淡定从容，自然会烦恼不已。

日本著名的汽车推销大王奥城良治从学校毕业后，兴致勃勃地踏入汽车推销行业，他以为自己会很快就有一番作为。令他难以接受的是，辛辛苦苦在外奔波了几个月，竟然毫无业绩可言，拜访客户的时候不是吃闭门羹，就是好不容易登门拜访，费尽唇舌鼓吹后，客户仍旧兴趣寥寥。

眼看着其他推销员业绩蒸蒸日上，自己却屡屡遭受无情打击，奥城良治逐渐心灰意冷，心里也开始打起了退堂鼓。

可是，他又不甘心这样放弃，最后，他决定给自己一个期限，如果到了最后期限，业绩还是不能有所突破的话，他就毅然离开汽车推销行业另谋生路。

不幸的是，在这段期间内，他仍然没有获得半张订单。好不容易熬到了期限的最后一天，他吃了几次闭门羹后，满脸疲惫地走过郊区的一处农田，准备回公司后就提出辞呈。

走着走着，他突然感到尿急，于是就走到田埂旁准备就地解决。

就在这时，他看见田埂旁边恰巧蹲着一只青蛙，当下决定将自己几个月来所受的满腹怨气宣泄在它身上。

于是，他故意朝着青蛙的头上尿尿。他原本以为这只青蛙被自己的尿液乱洒一通之后，会惊惶地跳走，没想到青蛙不但没有跳走，还若无其事地张着眼睛，简直是在享受一次大自然的沐浴一样。

青蛙怡然自得的表现给了奥城良治莫大的启示，让他领悟了想要推销成功，就必须要有"把坏人变贵人"的精神，心中不禁又燃起了旺盛的斗志。

奥城良治若有所思地对自己说："如果我是顾客的话，那青蛙就犹如推销员，那些浇淋在它头上的尿液就代表着客户的种种拒绝和羞辱。想要在推销行业出人头地，就必须效法这只青蛙，不论顾客多么无礼，遭遇多么难堪的拒绝、多么恶毒的羞辱，我都要像青蛙一样淡定从容地面对，而且要把它当作对自己的磨炼。"

这只青蛙改变了奥城良治的命运，他把自己的这番心得称为"青蛙法则"，并且奉行不渝。

在虚心检讨自己推销过程的缺失后，奥城良治放下害怕遭到拒绝、羞辱的悲观心理，勇敢面对各式各样客户的批评谩骂，终于在遭受1800次拒绝后，获得了第一份订单。

从此之后，他的业绩渐入佳境，第一年每个月平均卖出8部车，到了第二年平均每个月能卖出15部车，到了第五年，每个月平均卖出的车子数量竟然高达30部！

从第五年开始，奥城良治连续蝉联16年汽车销售冠军，成为全日本汽车界最负盛名的推销之王。

在现代都市竞争的丛林中，从容淡定是一种难以达到的大境界，像奥城良治这样的成功人士就是受益于这份从容，那些庸碌无为的人则在杞人忧天、慌不择路。每个人在生活中都有不尽如人意的地方，关键在于你怎样看待。有繁杂事情的人生才是最真实的，烦恼根本没有必要，淡定从容、妄念不生地对待纷扰的人生才是最舒坦的。

从容让你的步伐更坚定

给生活一些从容，会让人得到意想不到的享受。众所周知，生活中的诱惑实在太多太多，而物质的欲望永无止境，一个人若急着要很多东西，则必然紧紧张张，疲于奔命，哪有时间去享受生活本身呢？人的一生，苦也罢，乐也罢，要紧的是心间要有一个从容的态度。唯有从容，方能在喧嚣的世界中，自始至终保持独立人格和高洁情怀，甘于清贫，甘于寂寞，自我完善，继而以美的眼光和知足者的心态去欣赏"明月松间照，清泉石上流"，去欣赏"春眠不觉晓，处处闻啼鸟"，去欣赏寻常生活里面点点滴滴的人与事，从而感受到人生的快乐和幸福。

当然，这种从容并不是要人们对社会无所作为，而是要人们心平气和地对待世间的一切，在品尝美好生活中，有所放弃，有所努力。实际上，一个人具备了从容的心理素质后，就可能获得更大的成绩。

比阿斯有句名言：要从容地着手去做一件事，但一旦开始，就要坚持到底。

这是一个很古老的传说，在很久以前，有两个人偶然与酒仙杜康相遇，杜康觉得和他们颇有渊源，就决定传授给他们酿造美酒的方法。

人常说美酒佳酿亦醉人，但酿造美酒的方法更是累人。首先要选用秋熟饱满的黑糯米，调以冰雪初融时高山清泉的碧水，注入千年紫沙土制成的陶瓮，再用初夏第一张看见朝阳的新荷叶覆紧，紧紧封闭七七四十九天，直到凌晨鸡叫三遍后方可启封。

终于，他们历尽千辛万苦，找齐了所需的材料，把梦想一起调和密封，然后潜心等待那个酒香扑鼻的时刻。

人常说"等待是煎熬"，这句话多多少少是有些道理的。两个人夜以继日地守在陶瓮跟前，终于到了第四十九天，两人怀着激动的心情夜不能寐，等着鸡鸣的声音。远远地，传来了第一声鸡鸣，过了很久，依稀响起了第二声鸡啼。要等到第三遍鸡叫似乎太漫长了，其中一个再也忍不住了，他心急地打开了陶瓮，在打开陶瓮的那一瞬间，他一下惊呆了，哪里有什么美酒，呈现在他面前的竟然是像醋一样又黑又酸的液体。大错已经铸成，无可挽回，他怎样自责也无济于事了。

而另外一个，虽然也是按捺不住想要伸手，却还是咬紧牙关，屏气凝神坚持等到了第三遍鸡鸣响起。然后，从容淡定地走近陶瓮，轻轻地掀开荷叶，一时间，香醇的酒香弥漫开来，他收获了甘甜清澈的美酒。

行百里者半九十，笑到最后的才是最好的，多坚持一刻才会有收获。

许多成功人士，他们与失败者的区别，往往不是更多的机遇或更聪明的头脑，而只在于成功者多坚持了一刻。这一刻，有时是一年，有时是一天，有时，仅仅只是一遍鸡鸣，就收获了丰硕的果实。而失败者，也就差了那么一点点。

从容是一种心态，从容也是一种智慧。逆境也罢，顺境也好，人，最好要从容地生活。从容的人，不论什么时候，不论什么环境，都能享受到比其他人更多的快乐。一个有从容心态的人，才能处事不惊，淡看风云，坚定前行。

心静如水，不为外扰

世界就像座城堡，城里的人想逃出来，城外的人想冲进去。身居繁华都市的人，往往追求悠闲平静的田园生活；身在林深竹海的人，却向往灯红酒绿的都市生活。其实，平静是福，真正生活在喧嚣吵闹的都市人们，可能更懂得平静的弥足珍贵。与平静的生活相比，追逐名利的生活是多么不值得一提。平静的生活是在真理的海洋中，在波涛之下，不受风暴的侵扰，保持永恒的安宁。

现代人品味着生活的紧张与焦灼，已很难品味到静的清芬与恬愉，都渐渐浮躁起来，可是浮躁往往不利于事业的发展。

人要活得轻松自得，就要做到心静如水，不为外界物语所左右。

这是一条古老的街，到处都是老旧的建筑物。老街上有一位老铁匠，由于早已没人需要打制的铁器，他便改卖铁锅、斧头和拴小狗的链子。

他的经营方式非常古老和传统。人坐在门内，货物摆在门外，不吆喝，不还价，晚上也不收摊。你无论什么时候从这儿经过，都会看到他在竹椅上躺着，手里是一个半导体，身旁是一把紫砂壶。

他的生意也没有好坏之说，每天的收入正好够他吃饭和喝茶。他老了，已不再需要多余的东西，因此他非常满足。

一天，一个古董商从老街经过，偶然看到老铁匠身旁的那把紫砂壶。因为那个壶古朴雅致，紫黑如墨，有清代制壶名家戴振公的风格，他走过去，顺手端起那个壶。

壶嘴内有一记印章，果然是戴振公的，商人惊喜不已。因为戴振公有捏泥成金的美名，据说他的作品现在仅存3件，一件在美国纽约州立博物馆里；一件在中国某博物院；还有一件在泰国某位华侨手里，是他1993年在伦敦拍卖市场上以16万美元的拍卖价买下的。

第十二章　塑造从容心态

商人端着那个壶，想以10万元的价格买下它。当他说出这个数字时，老铁匠先是一惊，后又拒绝了，因为这个壶是他爷爷留下的，他们祖孙三代打铁时都喝这个壶里的水。

壶虽没卖，但商人走后，老铁匠有生以来第一次失眠了。这个壶他用了近60年，并且一直以为是个普普通通的壶，现在竟有人要以10万元的价钱买下它，他转不过神来。

过去他躺在椅子上喝水，都是闭着眼睛把壶放在小桌上，现在他总要坐起来再看一眼，这让他非常不舒服。特别让他不能容忍的是，当人们知道他有一个价值连城的茶壶后，蜂拥而至，有的问还有没有其他的宝贝，更有甚者，晚上来敲他的门。他的生活被彻底打乱了，他不知该怎样处置这个壶。

当那位商人带着20万元现金，第二次登门的时候，老铁匠再也坐不住了。他叫来老街上的街坊，拿起一把斧头，当众把那把紫砂壶砸了个粉碎。

后来，老铁匠一直卖铁锅、斧头和拴小狗的链子，据说他活过了百岁。

就这样，老铁匠打破了名利对心的束缚，重获宁静。宁静可以沉淀出生活中许多纷杂的浮躁，过滤出浅薄、粗陋等人性的杂质，可以避免许多鲁莽、无聊、荒谬的事情发生。宁静是一种气质、一种修养、一种境界、一种充满内涵的悠远。安之若素，沉默从容，往往要比气急败坏、声嘶力竭更显涵养和理智。

因此，心静则万物莫不自得，心动则事象差别现前，我们常人之所以有分别，完全因为起心动念。如何达到动静一如的境界，关键就在心是否能去除差别妄想。

静是什么？是泰山崩于前而色不变，是大胸襟，也是大觉悟，非丝非竹而自恬愉，非烟非茗而自清芬。

其实，人生真的不必太急功近利，不如将心跳放缓，随青山绿水而舞，见鱼跃鸢飞而动。水流任急境常静，花落虽频意自闲。此心常在静处，荣辱得失，谁能差遣我？人生若常在静中，尘世再多喧嚣，也可以视若无睹，听若未闻。

静者，不是与孤独相依，与寂寞为伴。让自己去享受心灵的宁静，并不是让你放弃对梦想的坚持，而是当作一场惊险搏击之后的小憩，一次成功追求之后的深思，是饱经风霜后以虔诚的心去探寻生命的意义，是大起大落后以平和的方式去感悟人生的心态。

　　剔除喧嚣，荡尽繁华，宁静是种更本真的美。一个懂得适时让自己回归平静的人，他的思路会越清晰，他就会越发明白事物间的相互联系与作用。面对生活的波折和工作的艰难时，他就会停止大惊小怪、动辄抓狂、忐忑不安或是忧伤痛苦，从而保持一种处变不惊、泰然自若的处世态度，因为宁静本身就是一种积极的态度。